LES PRINCIPES
DE LA PHILOSOPHIE

BIBLIOTHÈQUE DES TEXTES PHILOSOPHIQUES

Fondateur H. GOUHIER   Directeur E. CATTIN

René DESCARTES

LES PRINCIPES DE LA PHILOSOPHIE

PREMIÈRE PARTIE
LETTRE-PRÉFACE

Introduction et notes de
Guy DURANDIN

Suivi de

G.W. LEIBNIZ

REMARQUES SUR LA PARTIE GÉNÉRALE DES PRINCIPES DE DESCARTES

PREMIÈRE PARTIE

PARIS
LIBRAIRIE PHILOSOPHIQUE J. VRIN
6, Place de la Sorbonne, V^e
2016

© *Librairie Philosophique J. VRIN,* 1950
© pour l'édition de poche, 1989, 1999, 2002, 2009
Imprimé en France

ISSN 0249-7972
ISBN 978-2-7116-0187-5

www.vrin.fr

INTRODUCTION

LA VIE ET LES ŒUVRES DE DESCARTES

Descartes est né en 1596 d'une famille de gentilshommes de Touraine. Il fit ses études au collège des Jésuites de la Flèche, de 1604 à 1612 ; l'enseignement philosophique que les Jésuites donnaient alors consistait principalement à commenter les œuvres d'Aristote. Descartes sut apprécier la valeur de ses maîtres et de leur enseignement, mais, méditant sur le fruit de ses études, il s'étonnera de voir passer tant de temps à des commentaires et des disputes : il vaudrait mieux s'efforcer à découvrir des vérités nouvelles.

En 1616, Descartes passa à Poitiers ses examens juridiques. Mais sa fortune, quoique modeste, était suffisante pour lui permettre de vivre sans faire argent de son savoir. Il en profita pour acquérir quelque expérience en voyageant, et s'engagea en 1618, en Hollande, au service du prince Maurice de Nassau. Mais il n'y avait point d'opérations militaires, car la trêve venait d'être conclue entre la Hollande et l'Espagne, et Descartes utilisa ses loisirs à étudier les mathématiques. C'est ainsi qu'il fit connaissance à Bréda avec Isaac Beeckman, principal du collège de Dordrecht. Beeckman avait proposé, par voie d'affiche, un difficile problème mathématique, et ce fut le tout jeune officier Descartes qui lui apporta, à son grand étonnement, la solution. Beeckman et Descartes communièrent en cette idée qu'il fallait créer une méthode qui unît

intimement les mathématiques et la physique. Ainsi Descartes
était-il, à 22 ans, en possession de celle de ses idées qui devait
être la plus féconde. En 1619, Descartes, délié de son enga-
gement avec le prince de Nassau, reprit du service dans
l'armée du prince électeur de Bavière. Mais cette fois encore,
il eut le loisir de méditer, car la rigueur de l'hiver obligea les
armées à rester dans leurs quartiers, et c'est le 10 Novembre
1619, dans un petit village aux environs d'Ulm, que Descartes
découvrit, dans un véritable moment d'enthousiasme, les
fondements d'une « science admirable ». Il en éprouva une
telle illumination qu'il crut à une sorte de mission qui lui était
confiée par la Divinité. L'admirable de cette science, c'était
son enchaînement : Descartes se dit que toutes les vérités
étaient si intimement liées les unes aux autres que celui qui
saurait découvrir et penser avec intensité *une* vérité fondamentale, serait en mesure de découvrir alors, en procédant par
ordre, toute la science. Et cette vérité fondamentale, Descartes
ne tarda pas à la découvrir ; ce devait être le célèbre « Cogito ».

De 1619 à 1628, Descartes voyagea. Il séjourna à Paris de
1626 à 1628 et rédigea alors un premier essai de méthode, les
Regulæ ad directionem ingenii, qui restèrent inachevées, et ne
furent publiées qu'après sa mort, en 1701.

A la fin de 1628, Descartes se retira en Hollande où il
séjourna jusqu'en 1649, exception faite de quelques voyages
en France. De 1628 à 1629, il rédigea un petit traité de métaphysique qui devait servir d'introduction à sa physique, et dont
on retrouvera les éléments dans les Méditations de 1641.

De 1629 à 1633, il travailla au « Traité du Monde », vaste
ouvrage où il traitait de tous les problèmes physiques qui se
posaient à l'époque et dans lequel il donnait une place prépon-
dérante au problème de la *lumière*. Mais Descartes ne put pas
publier son Traité, car en 1633 Galilée fut condamné pour
avoir soutenu le mouvement de la terre ; or le mouvement de la

terre était partie intégrante du système du monde de Descartes, à tel point, confie-t-il à un correspondant, le père Mersenne, que « si le mouvement de la terre est faux, tous les fondements de ma philosophie le sont aussi, car il se démontre par eux, évidemment ». Descartes cacha donc tous ses papiers.

Pourtant il ne pouvait se résoudre à laisser tout ignorer de ses découvertes physiques et mathématiques. C'est pourquoi en *1637* il publia trois essais : les *Météores*, la *Dioptrique* et la *Géométrie* qu'il fit précéder du fameux *Discours de la Méthode*. Publiés en français, le Discours et les essais s'adressaient à un public large qui serait moins réfractaire à la nouveauté que la Sorbonne. Descartes montrait ainsi, si l'on peut dire, le bout de la langue. En même temps qu'il exposait sa méthode, il donnait quelques échantillons de ce qu'elle permettrait de découvrir, mais il gardait par devers lui les opinions dangereuses. Peut-être les essais publiés donneraient-ils au public l'ardent désir de connaître les autres découvertes de Descartes, et pourrait-il, alors, nouveau chef d'école, se risquer à publier l'ensemble du Traité [1].

En 1641, Descartes publia les *Meditationes de prima philosophia in quibus Dei existentia et animae immortalitas demonstrantur*, dont les éléments étaient contenus dans le petit traité de métaphysique de 1629. Publiées en latin, les Méditations s'adressent aux doctes plutôt qu'au grand public ; elles demandent au lecteur un effort plus soutenu que le Discours, et ont pour rôle principal de débarrasser l'esprit des préjugés sensibles qui l'empêcheraient de comprendre la nouvelle physique, toute abstraite, construite sur ces deux éléments : l'étendue et le mouvement. Descartes part en guerre contre l'ancienne physique, anthropomorphique, qui prenait

---

1. Les espoirs de Descartes furent en partie déçus, et le Traité du Monde ne put être publié qu'après sa mort, en 1677.

pour éléments les qualités sensibles : le chaud et le froid, le sec et l'humide, et qui n'a fait aucun progrès depuis Aristote.

En 1644, Descartes publia les *Principia philosophiæ*. Il y expose sous forme synthétique ce qu'il a exposé dans les Méditations et le Discours, sous forme analytique. Son rêve eut été de voir les « Principes » adoptés par les collèges de Jésuites pour y servir de cours de philosophie. C'est pourquoi il y fait une assez large place aux termes scolastiques alors en cours dans les collèges.

A partir de ce moment, Descartes semble s'intéresser surtout aux questions de morale. L'occasion lui en est donnée par la correspondance qu'il entretient avec la princesse Elisabeth, fille de Frédéric, le roi déchu de Bohême ; il admire la dignité de la princesse dans le malheur et, reprenant à son compte l'enseignement des Stoïciens, l'exhorte à cultiver les vertus, qui dépendent de nous, et à rester indifférente à la fortune, parce qu'elle ne dépend pas de nous. Il publie en 1649, à l'intention de la princesse, le *Traité des Passions* où il exprime à la fois ses conceptions morales et sa théorie physiologique de l'homme. Pour étudier les Passions, il ne suffit point d'être moraliste, il faut être d'abord physiologue, car là où l'âme pâtit, c'est, dit Descartes, que le corps agit. La passion fait toucher au difficile problème de *l'union de l'âme et du corps*; et il n'y a point de connaissance possible des passions qui ne soit fondée sur la connaissance du fonctionnement du corps, et en particulier de la *circulation du sang*.

Le Traité des Passions fut le dernier ouvrage que Descartes publia. Les dernières années de Hollande furent troublées par de multiples polémiques. En 1642 le Sénat de la ville d'Utrecht interdit l'enseignement de la philosophie cartésienne, comme pernicieuse. Disculpé en 1645, à Groningue, Descartes fut attaqué de nouveau à Leyde en 1647 et dut faire appel pour se défendre à l'ambassadeur de France. Il finit, en 1649, par quitter la Hollande pour se rendre en Suède, à l'invitation de la reine Christine qui désirait apprendre sa philosophie. Mais il prit froid en allant chez la reine, qui prenait ses leçons à cinq heures du matin, et mourut à Stockholm, le 11 Février 1650.

II. L'esprit de Descartes

Mathématicien et métaphysicien, créateur de la science moderne, mais héritier, plus qu'il ne le veut, du Moyen-Age, tel est Descartes.

Il a été séduit par les mathématiques ; il se plaît à l'évidence de leurs raisons, et à l'enchaînement de leurs conclusions. D'une part, le mathématicien ne reçoit rien pour vrai que ce qu'il juge évident. Il n'y a point d'autorité, point de dogmes, point de simples vraisemblances ; seule compte l'évidence de la raison. D'autre part, en mathématiques, celui qui procède par *ordre*, peut, à partir des vérités les plus aisées à découvrir, accéder progressivement jusqu'à la solution des problèmes les plus difficiles ; cela, parce que l'enchaînement d'une vérité à une autre est rigoureux. Rien n'est affirmé qui ne dépende de ce que l'on sait déjà. Cette certitude de *chacune* de ses démarches est ce qui permet au mathématicien de progresser. Il ne perd pas son temps à *discuter* d'opinions et de systèmes, qui, fondés sur des *vraisemblances*, risquent de s'écrouler tout d'un coup. Il *construit* sa science, et il peut se fier à elle, parce qu'il en connaît tous les maillons.

Ainsi confiant dans les mathématiques, Descartes a vu en elles à la fois le modèle et l'instrument de toutes les autres sciences ; le modèle, par leur certitude et leur clarté, l'instrument, par la généralité de leurs rapports, et il a effectivement rendu possible l'application des mathématiques à toute la physique, en créant la *géométrie analytique*.

Est-ce à dire que Descartes ait réussi, et que la physique qu'il nous propose égale en certitude les mathématiques ?

Non, la physique de Descartes contient de nombreuses erreurs, erreurs intelligentes sans doute, mais erreurs. A quoi cela tient-il? A ce que Descartes veut aller trop vite et tout expliquer. Il ne respecte pas autant qu'il faudrait la règle esssentielle qu'il s'est donnée à lui-même et qu'il exprime dans le *Discours de la Méthode* : de n'accepter pour vrai que l'évident. Il se laissse tenter par l'ingéniosité de ses déductions et par leur enchaînement, comme s'il suffisait qu'une chose soit logique pour être vraie. Descartes a hérité de ses devanciers le désir d'explication universelle et *l'esprit de système*. Il veut *déduire* toute la science de quelques *principes* métaphysiques, et c'est par là qu'il est amené à se tromper, remplaçant parfois l'observation patiente par une déduction logique qui passe à côté de la réalité. Ainsi en est-il des lois du mouvement que Descartes énonce dans la 2ᵉ partie des Principes : il affirme la constance de la quantité de mouvement, parce qu'il se croit en droit de la déduire du principe métaphysique de l'*immutabilité divine*. Malheureusement, ce n'est pas la quantité de mouvement qui est constante, mais la quantité d'énergie, comme le montrera Leibnitz.

Nous pouvons d'ailleurs remarquer que Descartes a poussé l'esprit de système plus loin que ses maîtres. Il reproche en effet aux philosophes du Moyen-Age d'user de principes trop nombreux et de faire intervenir un principe *nouveau* chaque fois qu'il s'agit d'expliquer un phénomène nouveau. Descartes estime que faire appel à la « vertu dormitive » pour expliquer que l'opium fasse dormir revient à ne rien expliquer; expliquer, selon lui, n'est point faire appel à des principes nouveaux, mais au contraire relier l'inconnu au connu en utilisant toujours les mêmes principes. Mais c'est justement en limitant a priori le nombre des principes d'explication que Descartes pousse à l'extrême l'esprit de système, et on en trouve un exemple frappant dans le problème de *l'aimant*. Descartes se refuse à voir dans l'aimant aucune *force attractive* mystérieuse et il essaye de rendre compte de sa propriété d'attraction par la simple disposition des parties de l'aimant et leur configuration «canelée», c'est-à-dire qu'il *réduit* les propriétés, nouvelles, de l'aimant à des manifestations de principes *déjà connus* : les deux principes qu'il juge suffisants pour fonder toute la physique, à savoir l'étendue avec la figure, et le mouvement. Par cette réduction Descartes ne se condamnait-il pas à ignorer ce que l'aimant avait d'original ? L'esprit scientifique, sans doute, cherche à établir des *relations* entre le connu et l'inconnu, mais il ne doit pas se contenter de *ramener* le nouveau à l'ancien. L'esprit le plus fécond est celui qui s'efforce justement de saisir le nouveau en tant que tel, de penser ce que les notions en usage n'ont pas encore permis de penser, et de prendre au besoin le nouveau, ainsi révélé, comme principe d'explication de l'ancien, quitte à repenser tout l'ancien à cette lumière nouvelle.

Ainsi Descartes a hérité de ses devanciers la prétention à tout expliquer et l'esprit de système ; il a voulu rejetter les principes obscurs et trop nombreux qu'étaient les entités ou puissances occultes du Moyen-Age, mais, séduit par les mathématiques qui se construisent tout entières sur des principes simples et peu nombreux, il a subi une sorte de mirage, croyant que la physique se laisserait déduire toute entière de quelques principes métaphysiques. Les «Principes de la Philosophie» sont justement l'ouvrage le plus systématique de Descartes, et constituent comme une somme de sa philosophie. Il y expose l'essentiel de sa méthode, de sa métaphysique, et de sa physique.

Mais Descartes lui-même a eu conscience de la difficulté d'une telle déduction et de ce qu'elle peut avoir d'arbitraire. Ne nous dit-il pas que ses principes sont si généraux qu'on en peut déduire, pour un même phénomène, plusieurs explications, et que le seul moyen de savoir quelle est la bonne est de faire des *expériences* ? Il va même jusqu'à dire qu'au point où il en est arrivé, il ne peut plus progresser sans faire d'expériences.

Descartes nous propose donc, en définitive, pour construire la science, trois éléments : le critère de *l'évidence rationnelle*, pour les principes ; la fécondité de *l'enchaînement mathématique*, pour progresser ; et *l'expérimentation* pour choisir parmi les différentes hypothèses. Ce sont bien là, semble-t-il, les trois éléments sur lesquels s'est construite la science moderne. Tout ce que nous pouvons dire est que les savants d'aujourd'hui sont plus modestes qu'il n'était possible de l'être du temps de Descartes, et qu'ils osent à peine parler d'«évidence rationnelle » ; en tout cas ils voient en elle un idéal à atteindre plutôt qu'un point de départ effectif. Le critère de l'évidence, proposé par Descartes, a joué son rôle historique : il s'agissait d'éliminer le critère de l'«autorité » et de diriger la pensée vers les problèmes eux-mêmes au lieu de l'enclore dans des doctrines ; mais au fur et à mesure que l'esprit, ainsi libéré, s'est approché des problèmes réels, il a pris conscience de l'écart qui existe entre le monde et lui, de sorte qu'il n'est pratiquement plus question aujourd'hui de déduire toute la science de principes qui seraient évidents a priori.

III. Les principes de la Philosophie

Les Principes de la Philosophie furent publiés pour la première fois, en latin, à Amsterdam, en 1644. Ils furent traduits en français par l'abbé Picot en 1647. Descartes a indiqué lui-même le plan général des «Principes » dans une *lettre au traducteur*, qui sert de *préface* à l'édition française. Nous donnons ici une analyse de cette lettre.

I. La philosophie a été déformée et discréditée par des pédants qui passent leur temps à de vaines disputes et font

preuve dans leur conduite de moins de sagesse que ceux-
mêmes qui n'ont jamais philosophé. Il faut rendre à la philosophie son véritable rôle : la recherche de la sagesse.

II. Mais qu'est-ce que la sagesse ? Quelles en sont les
conditions ? La sagesse ne consiste pas seulement dans une
sorte de *prudence*, mais avant tout dans la *connaissance* de
tout ce qui peut être utile à l'homme : conduite humaine en
général, médecine, technique. «Les hommes ont plus ou
moins de sagesse, à proportion qu'ils ont plus ou moins de
connaissance des vérités plus importantes». La condition
essentielle de la sagesse est donc : la connaissance.

III. Mais demandons-nous maintenant à quelles conditions
la connaissance sera capable de remplir son rôle. La connaissance devra être toute entière *déduite*, *par ordre*, des vrais
principes, ou causes premières.
Ces principes devront satisfaire eux-mêmes à deux
conditions :
1) ils doivent être clairs et évidents.
2) il faut «que ce soit d'eux que dépende la connaissance
des autres choses, en sorte qu'ils puissent être connus sans
elles, mais non réciproquement, elles sans eux ».

IV. Platon et Aristote se sont ainsi efforcés de faire un
système de toute la connaissance humaine, mais, dit
Descartes, ils ont échoué, parce qu'ils sont partis de faux principes. La preuve de cette fausseté, c'est que la science n'a fait
aucun progrès depuis Aristote. On se contente de disputer au
sujet des opinions qu'il a émises, on ne découvre rien de plus.
Au contraire, une science fondée sur de vrais principes, si
même elle n'est pas complète, permettra à nos successeurs de
découvrir peu à peu des vérités de plus en plus complexes sans
avoir jamais à revenir en arrière. Sa fécondité sera le critère de
sa vérité.

Une des principales erreurs des Anciens est la façon dont ils prétendaient bâtir la physique à partir des qualités sensibles telles que la pesanteur, le chaud et le froid, le sec et l'humide. En effet ces qualités n'appartiennent pas aux choses elles-mêmes, elles ne sont que les sentiments causés en nous par les choses.

V. Les Principes que Descartes adopte sont peu nombreux : d'abord *trois principes métaphysiques* : *l'existence de la pensée*, révélée par le « cogito », *l'existence de Dieu*, et sa *véracité*.

De ces principes métaphysiques, Descartes se sent en mesure de déduire les *principes concernant les choses matérielles* ; ce sont : *l'étendue avec la figure,* et *le mouvement.* Les choses matérielles n'ont rien de commun avec les choses spirituelles. Il n'y a pas de qualités occultes ; toutes les propriétés de la matière sont réductibles à des rapports d'étendue et de mouvement. Tel est le fondement du mécanisme cartésien.

Descartes remarque que ces principes n'ont en eux-mêmes rien d'extraordinaire. Ce sont des vérités qui ont été connues de tout temps, dit-il. Mais personne avant lui n'a pensé à les utiliser comme principes, c'est-à-dire à en déduire tout le reste de la connaissance.

Or le choix des principes et de *l'ordre* à suivre est justement l'essentiel. C'est là que réside l'importance de la méthode. Descartes est persuadé que les esprits les plus ordinaires pourraient accéder aux plus hautes sciences, si seulement ils étaient bien conduits.

Aussi Descartes précise-t-il l'ordre qu'il convient de suivre à qui veut s'instruire :

1) Celui qui a décidé de rechercher la vérité doit d'abord chercher à se défaire de ses préjugés et par conséquent, à douter de ce qu'il a admis jusque là comme vrai. Mais pendant qu'il cherche et doute, il ne peut pourtant point cesser de vivre (Cf. Discours de la Méthode – 3ᵉ partie). Il doit donc d'abord

se donner, à titre provisoire, quelques *règles de morale*, simples, qui suffisent aux occasions ordinaires de la vie.

2) Après ces règles de vie pratique, il devra se donner les règles de sa pensée, c'est-à-dire étudier la *logique*.

Descartes critique la logique scolastique parce qu'elle est stérile, ne servant qu'à exposer ce que l'on sait déjà. Il lui faut substituer une logique féconde, qui serve, non seulement à exposer, mais à *découvrir*. Cette logique nouvelle sera inspirée des mathématiques, où l'on découvre des vérités fort complexes, en procédant par *ordre*, à partir des vérités simples.

3) Une fois en possession de règles de conduite et de règles de pensée, il pourra aborder l'étude des sciences proprement dites, ce qu'il fera dans l'ordre suivant :

    a) la métaphysique, qui contient les principes.

    b) la physique.

    c) la médecine.

    d) la mécanique (c'est-à-dire l'ensemble des techniques).

    e) Enfin la morale.

On voit que la morale est la science la plus difficile, et celle qui vient logiquement en dernier, parce qu'elle suppose la connaissance de toutes les autres, et c'est pourquoi il a fallu, pour le temps de la recherche, se constituer une morale provisoire. « Ainsi toute la philosophie est comme un arbre dont les racines sont la métaphysique, et les branches qui sortent de ce tronc sont toutes les autres sciences, qui se réduisent à trois principales, à savoir la médecine, la mécanique, et la morale ; j'entends la plus haute et la plus parfaite morale, qui, présupposant une entière connaissance des autres sciences, est le dernier degré de la sagesse. Or, comme ce n'est pas des racines, ni du tronc des arbres qu'on cueille les fruits, mais seulement des extrêmités de leurs branches, ainsi la principale utilité de la philosophie dépend de celles de ses parties qu'on ne peut apprendre que les dernières ».

VII. Après avoir indiqué ainsi l'ordre des sciences, Descartes rappelle quelles sont les questions qui ont déjà été traitées par lui dans ses précédents ouvrages (le « Discours de la Méthode » accompagné des trois « Essais », et les « Méditations ») et il indique brièvement les questions qu'il traite dans chacune des parties des Principes.

L'objet de la 1re partie est la métaphysique. C'est celle qui contient, à proprement parler, les principes, desquels Descartes affirme déduire tout le reste de la connaissance.

La 2e partie a pour titre : « Principes des choses matérielles ». Elle traite de l'existence et de la nature des corps, qui consiste dans la seule étendue ; des différentes sortes de matière, qui dépendent du mouvement ; enfin du vide, que Descartes nie, et des lois du mouvement.

La 3e partie a pour titre : le « Monde visible ». Elle traite du système céleste, et Descartes qui croyait fermement au mouvement de la terre, met ici le plus grand soin à le nier, afin de ne point choquer les théologiens.

Enfin la 4e partie, qui s'intitule « la Terre » traite de la structure de la terre, des marées, des sources, du feu, du verre, et de l'aimant dont Descartes énumère 34 propriétés, toutes explicables selon lui sans faire appel à aucune force mystérieuse, par la simple configuration cannelée des parties de l'aimant.

Les Principes, nous dit Descartes, devaient comprendre en outre une étude des animaux et des plantes, et de l'homme, étude nécessaire, comme nous l'avons vu, à la préparation de la science dernière : la morale. Mais faute de temps et de moyens financiers pour faire les expériences nécessaires, il n'a pas pu, nous dit-il, achever cette étude.

Il espère néanmoins que les résultats qu'il a obtenus serviront de base à ses successeurs qui n'auront qu'à continuer dans la voie qu'il a ouverte. La science qu'il propose est assise sur des fondements si fermes qu'elle ne peut désormais que progresser et faire l'union entre les esprits en leur apportant la vérité. Tels étaient les espoirs de Descartes lorsqu'il publia les « Principes ».

Notes de l'Editeur

1) Pour faciliter l'étude de la 1re partie des Principes que nous publions ici, nous l'avons divisée en 9 sous-parties. Les chiffres romains et les sous-titres correspondants ont donc été placés par nous, et ne se trouvent pas dans le texte de Descartes.

2) Le texte que nous publions est celui de l'édition *Adam et Tannery* et s'y réfère en marge, à cette différence près que nous avons substitué à l'orthographe ancienne, reproduite par *Adam et Tannery*, l'orthographe actuelle, et que nous avons supprimé quelques virgules, qui ralentissaient inutilement la lecture.

3) Afin que le lecteur puisse se faire une idée de la multiplicité des questions abordées par Descartes, nous publions, en plus du texte de la 1re partie, la table des matières des quatre parties des « Principes ».

4) Le texte *latin* des Principes se trouve, dans l'édition *Adam et Tannery*, au tome VIII. La traduction française, au tome IX.

*Première fille de Frédéric, Roi de Bohême, Comte Palatin
et Prince Électeur de l'Empire*

Madame,

Le principal fruit que j'ai reçu des écrits que j'ai ci-devant publiés a été qu'à leur occasion j'ai eu l'honneur d'être connu de Votre Altesse, et de lui pouvoir quelquefois parler : ce qui m'a donné moyen de remarquer en elle des qualités si estimables et si rares, que je crois que c'est rendre service au public de les proposer à la postérité pour exemple. J'aurais mauvaise grâce à flatter, ou bien à écrire des choses dont je n'aurais point de connaissance certaine, principalement aux premières pages de ce livre, dans lequel je tâcherai de mettre les principes de toutes les vérités que l'esprit humain peut savoir. Et la généreuse modestie qui reluit en toutes les actions de votre Altesse m'assure que les discours simples et francs d'un homme qui n'écrit que ce qu'il croit, vous seront plus agréables que ne seraient des louanges ornées de termes pompeux et recherchés par ceux qui ont étudié l'art des compliments. C'est pourquoi je ne mettrai rien en cette lettre dont l'expérience et la raison ne m'aient rendu certain ; et j'y écrirai en philosophe, ainsi que dans le reste du livre. Il y a beaucoup de différence entre les vraies vertus et celles qui ne sont qu'apparentes ; et il y en a aussi beaucoup entre les vraies qui procèdent d'une exacte connaissance de la vérité, et celles qui sont accompagnées d'ignorance ou d'erreur. Les vertus que je nomme apparentes ne sont, à proprement parler, que des vices, qui n'étant pas si fréquents que d'autres vices qui leur sont contraires, ont coutume d'être plus estimés que les vertus qui consistent en la médiocrité dont ces vices opposés sont les excès. Ainsi, à cause qu'il y a bien plus de personnes qui craignent trop les dangers qu'il n'y en a qui les craignent trop peu, on prend souvent la témérité pour une vertu, et elle éclate bien plus aux occasions que ne fait le vrai courage ; ainsi les **22** prodigues ont coutume d'être plus loués que | les libéraux ; et ceux qui sont véritablement gens de bien n'acquièrent point tant la réputation d'être dévots que font les superstitieux et les hypocrites. Pour ce qui est des vraies vertus, elles ne viennent pas toutes d'une vraie connaissance, mais il y en a qui naissent aussi quelquefois du défaut ou de l'erreur : ainsi souvent la simplicité est cause de la bonté, la peur donne de la dévotion, et le désespoir du courage. Or les vertus qui sont ainsi accompagnées de quelque imperfection sont différentes entre elles, et on leur a aussi donné divers noms. Mais celles qui sont si pures et si parfaites qu'elles ne viennent que de la seule connaissance du bien sont toutes de même nature, et peuvent être comprises sous le seul nom de la sagesse[1]. Car quiconque a une volonté ferme et confiante d'user toujours de la raison le mieux qu'il est en son pouvoir, et de faire en toutes ses actions ce qu'il juge être le meilleur, est véritablement sage, autant que sa nature permet qu'il le soit ; et par cela seul il est juste, courageux, modéré, et a toutes les autres vertus, mais tellement jointes entre elles qu'il n'y en a aucune qui paraisse plus que les

---

1. Pour Descartes comme pour les philosophes de l'Antiquité, la Sagesse désigne à la fois la science et la vertu. Connaissance de la vérité, connaissance du Bien et conduite droite ne font qu'un. Cf. *Discours de la Méthode*, 3ᵉ partie : « Notre volonté ne se portant à suivre et à fuir aucune chose que selon que notre entendement nous la présente bonne ou mauvaise, il suffit de bien juger pour bien faire ». De même Platon disait que la vertu est une science et que la méchanceté relève de l'ignorance.

autres ; c'est pourquoi, encore qu'elles soient beaucoup plus parfaites que celles que le mélange de quelque défaut fait éclater, toutefois, à cause que le commun des hommes les remarque moins, on n'a pas coutume de leur donner tant de louanges. Outre cela, de deux choses qui sont requises à la sagesse ainsi décrite, à savoir que l'entendement connaisse tout ce qui est bien, et que la volonté soit toujours disposée à le suivre, il n'y a que celle qui consiste en la volonté que tous les hommes peuvent également avoir, d'autant que l'entendement de quelques uns n'est pas si bon que celui des autres. Mais, encore que ceux qui n'ont pas le plus d'esprit puissent être aussi parfaitement sages que leur nature le permet, et se rendre très agréables à Dieu par leur vertu, si seulement ils ont toujours une ferme résolution de faire tout le bien qu'ils sauront, et de n'omettre rien pour apprendre celui qu'ils ignorent ; toutefois ceux qui, avec une constante volonté de bien faire et un soin très particulier de s'instruire, ont aussi un très excellent esprit, arrivent sans doute à un plus haut degré de sagesse que les autres. Et je vois que ces trois choses se trouvent très parfaitement en Votre Altesse. Car pour le soin qu'elle a eu de s'instruire, il paraît assez de ce que ni les divertissements de la Cour, ni la façon dont les Princesses ont coutume d'être nourries, qui les détournent entièrement de la connaissance des lettres, n'ont pu empêcher que vous n'ayez très diligemment étudié tout ce qu'il y a de meilleur dans les sciences. Et on connaît l'excellence de votre esprit en ce que vous les avez parfaitement apprises en fort peu de temps. Mais j'en ai encore une autre preuve qui m'est particulière, en ce que je n'ai jamais rencontré personne qui ait si généralement et si bien entendu tout ce qui est contenu dans mes écrits : car il y en a plusieurs qui les trouvent très obscurs, même entre les meilleurs esprits et les plus doctes ; et je remarque presque en tous, que ceux qui conçoivent aisément les choses qui | **23** appartiennent aux mathématiques ne sont nullement propres à entendre celles qui se rapportent à la métaphysique, et au contraire, que ceux à qui celles-ci sont aisées ne peuvent comprendre les autres : en sorte que je puis dire avec vérité que je n'ai jamais rencontré que le seul esprit de Votre Altesse auquel l'un et l'autre fût également facile, et que par conséquent j'ai juste raison de l'estimer incomparable. Mais ce qui augmente le plus mon admiration, c'est qu'une si parfaite et si diverse connaissance de toutes les sciences n'est point en quelque vieux docteur qui ait employé beaucoup d'années à s'instruire, mais en une Princesse encore jeune, et dont le visage représente mieux celui que les poètes attribuent aux Grâces que celui qu'ils attribuent aux Muses ou à la savante Minerve. Enfin je ne remarque pas seulement en Votre Altesse tout ce qui est requis de la part de l'esprit à la plus haute et plus excellente sagesse, mais aussi tout ce qui peut être requis de la part de la volonté ou des mœurs, dans lesquelles on voit la magnanimité et la douceur jointes ensemble avec un tel tempérament[1] que, quoique la fortune, en vous attaquant par de continuelles injures, semble avoir fait tous ses efforts pour vous faire changer d'humeur, elle n'a jamais pu, tant soit peu, ni vous irriter, ni vous abaisser. Et cette si parfaite sagesse m'oblige à tant de vénération, que non seulement je pense lui devoir ce livre, puisqu'il traite de la philosophie qui en est l'étude, mais aussi je n'ai pas plus de zèle à philosopher, c'est-à-dire à tâcher d'acquérir de la sagesse, que j'en ai à être

MADAME,
  de Votre Altesse
  Le très humble, très obéissant
  et très dévot serviteur

DESCARTES

---

1. Tempérament : proportion.

LETTRE DE L'AUTEUR
À CELUI QUI A TRADUIT LE LIVRE
LAQUELLE PEUT ICI SERVIR DE PRÉFACE

Monsieur,

|La version que vous avez pris la peine de faire de mes **AT IX,** Principes est si nette et si accomplie, qu'elle me fait espérer **1** qu'ils seront lus par plus de personnes en Français qu'en Latin, et qu'ils seront mieux entendus. J'appréhende seulement que le titre n'en rebute plusieurs qui n'ont point été nourris aux lettres, ou bien qui ont mauvaise opinion de la philosophie, à cause que celle qu'on leur a enseignée ne les a pas contentés ; et cela me fait croire qu'il serait bon d'y ajouter une préface, qui leur déclarât quel est le sujet du livre, quel dessein j'ai eu en l'écrivant, et quelle utilité on en peut tirer. Mais encore que ce serait à moi de faire cette préface, à cause que je dois savoir ces choses là mieux qu'aucun autre, je ne puis rien obtenir de moi-même, sinon que je mettrai ici en | abrégé les principaux points **2** qui me semblent y devoir être traités ; et je laisse à votre discrétion d'en faire telle part au public que vous jugerez être à propos.

J'aurais voulu premièrement y expliquer ce que c'est que la philosophie, en commençant par les choses les plus vulgaires, comme sont : que ce mot « philosophie » signifie l'étude de la sagesse, et que par la sagesse on n'entend pas

seulement la prudence dans les affaires, mais une parfaite connaissance de toutes les choses que l'homme peut savoir, tant pour la conduite de sa vie, que pour la conservation de sa santé et l'invention de tous les arts; et qu'afin que cette connaissance soit telle, il est nécessaire qu'elle soit déduite des premières causes, en sorte que, pour étudier à l'acquérir, ce qui se nomme proprement philosopher, il faut commencer par la recherche de ces premières causes, c'est-à-dire des principes; et que ces principes doivent avoir deux conditions: l'une, qu'ils soient si clairs et si évidents que l'esprit humain ne puisse douter de leur vérité, lorsqu'il s'applique avec attention à les considérer; l'autre, que ce soit d'eux que dépende la connaissance des autres choses, en sorte qu'ils puissent être connus sans elles, mais non pas réciproquement elles sans eux; et qu'après cela il faut tâcher de déduire tellement de ces principes la connaissance des choses qui en dépendent, qu'il n'y ait rien, en toute la suite des déductions qu'on en fait, qui ne soit très manifeste. Il n'y a véritablement que Dieu seul qui soit parfaitement sage, c'est-à-dire qui ait l'entière connais-
3 sance | de la vérité de toutes choses; mais on peut dire que les hommes ont plus ou moins de sagesse, à raison de ce qu'ils ont plus ou moins de connaissance des vérités plus importantes. Et je crois qu'il n'y a rien en ceci dont tous les doctes ne demeurent d'accord.

J'aurais ensuite fait considérer l'utilité de cette philosophie et montré que, puisqu'elle s'étend à tout ce que l'esprit humain peut savoir, on doit croire que c'est elle seule qui nous distingue des plus sauvages et barbares, et que chaque nation est d'autant plus civilisée et polie que les hommes y philosophent mieux; et ainsi que c'est le plus grand bien qui puisse être en un État, que d'avoir de vrais philosophes. Et outre cela, que, pour chaque homme en particulier, il n'est pas seulement utile de vivre avec ceux qui s'appliquent à cette étude, mais qu'il est incomparablement meilleur de s'y appliquer soi-même ; comme sans doute il vaut beaucoup mieux se servir de ses propres yeux pour se conduire, et jouir par même moyen de la beauté des couleurs et de la lumière, que non pas de les avoir fermés et suivre la conduite d'un autre ; mais ce dernier est encore meilleur que de les tenir fermés et n'avoir que soi pour se conduire. C'est proprement avoir les yeux fermés, sans tâcher jamais de les ouvrir, que de vivre sans philosopher ; et le plaisir de voir toutes les choses que notre vue découvre n'est point comparable à la satisfaction que donne la connaissance de celles qu'on trouve par la philosophie ; et enfin cette étude est plus nécessaire pour régler nos mœurs, et nous conduire en cette vie, que n'est l'usage de nos yeux | pour guider nos pas. **4** Les bêtes brutes, qui n'ont que leur corps à conserver, s'occupent continuellement à chercher de quoi le nourrir ; mais les hommes, dont la principale partie est l'esprit, devraient employer leurs principaux soins à la recherche de la sagesse, qui en est la vraie nourriture ; et je m'assure aussi qu'il y en a plusieurs qui n'y manqueraient pas, s'ils avaient espérance d'y réussir, et qu'ils sussent combien ils en sont capables. Il n'y a point d'âme tant soit peu noble, qui demeure si fort attachée aux objets des sens, qu'elle ne s'en détourne quelquefois pour souhaiter quelque autre plus grand bien, nonobstant qu'elle ignore souvent en quoi il consiste. Ceux que la fortune favorise le plus, qui ont abondance de santé, d'honneurs, de richesses, ne sont pas plus exempts de ce désir que les autres ; au contraire, je me persuade que ce sont eux qui soupirent avec le plus d'ardeur après un autre bien, plus souverain que tous ceux qu'ils possèdent. Or ce souverain bien, considéré par la raison naturelle sans la lumière de la foi, n'est autre chose que la connaissance de la vérité par ses premières causes, c'est-à-dire la Sagesse, dont la Philosophie est l'étude. Et, pour ce que toutes ces choses sont entièrement vraies, elles ne seraient pas difficiles à persuader, si elles étaient bien déduites.

Mais, pour ce qu'on est empêché de les croire par l'expérience, qui montre que ceux qui font profession d'être philosophes, sont souvent moins sages et moins raisonnables que d'autres qui ne se sont jamais appliqués à cette étude, j'aurais
5 ici sommairement expliqué | en quoi consiste toute la science qu'on a maintenant, et quels sont les degrés de sagesse auxquels on est parvenu. Le premier ne contient que des notions qui sont si claires d'elles mêmes qu'on les peut acquérir sans méditation. Le second comprend tout ce que l'expérience des sens fait connaître. Le troisième, ce que la conversation des autres hommes nous enseigne. A quoi on peut ajouter, pour le quatrième, la lecture, non de tous les livres, mais particulièrement de ceux qui ont été écrits par des personnes capables de nous donner de bonnes instructions, car c'est une espèce de conversation que nous avons avec leurs auteurs. Et il me semble que toute la sagesse qu'on a coutume d'avoir n'est acquise que par ces quatre moyens ; car je ne mets point ici en rang la révélation divine, pour ce qu'elle ne nous conduit pas par degrés, mais nous élève tout d'un coup à une créance infaillible. Or il y a eu de tout temps de grands hommes qui ont tâché de trouver un cinquième degré pour parvenir à la sagesse, incomparablement plus haut et plus assuré que les quatre autres : c'est de chercher les premières causes et les vrais principes dont on puisse déduire les raisons de tout ce qu'on est capable de savoir ; et ce sont particulièrement ceux qui ont travaillé à cela qu'on a nommés philosophes[1]. Toutefois je ne sache point qu'il y en ait eu jusqu'à présent à qui ce dessein ait réussi. Les premiers et les principaux dont nous ayons les écrits sont Platon et Aristote, entre

---

1. Ce qui caractérise la véritable science est donc l'unité qu'elle établit entre nos diverses connaissances, tandis que les procédés précédemment énumérés ne nous fournissent que des connaissances éparses qui ne s'éclairent pas les unes les autres. Pour Descartes toutes les sciences doivent former un système unique, à l'intérieur duquel chaque découverte serve de principe d'explication pour le problème suivant.

lesquels il n'y a eu autre différence sinon que le premier, suivant les traces de son maître Socrate, a ingénuement confessé qu'il | n'avait encore rien pu trouver de certain, et 6 s'est contenté d'écrire les choses qui lui ont semblé être vraisemblables, imaginant à cet effet quelques principes par lesquels il tâchait de rendre raison des autres choses ; au lieu qu'Aristote a eu moins de franchise, et bien qu'il eut été vingt ans son disciple, et n'eut point d'autres principes que les siens, il a entièrement changé la façon de les débiter, et les a proposés comme vrais et assurés, quoi qu'il n'y ait aucune apparence qu'il les ait jamais estimés tels[1]. Or ces deux hommes avaient beaucoup d'esprit, et beaucoup de la sagesse qui s'acquiert par les quatre moyens précédents, ce qui leur donnait beaucoup d'autorité, en sorte que ceux qui vinrent après eux s'arrêtèrent plus à suivre leurs opinions qu'à chercher quelque chose de meilleur. Et la principale dispute que leurs disciples eurent entre eux, fut pour savoir si on devait mettre toutes choses en doute, ou bien s'il y en avait quelques unes qui fussent certaines. Ce qui les porta de part et d'autre à des erreurs extravagantes : car quelques uns de ceux qui étaient pour le doute, l'étendaient même jusqu'aux actions de la vie, en sorte qu'ils négligeaient d'user de prudence pour se conduire ; et ceux qui maintenaient la certitude, supposant qu'elle devait dépendre des sens, se fiaient entièrement à eux, jusque là qu'on dit qu'Épicure osait assurer, contre tous les raisonnements des astronomes, que le soleil n'est pas plus grand qu'il paraît[2]. C'est un défaut qu'on peut remarquer en la

1. Descartes n'a pas une connaissance très précise de l'histoire de la philosophie et adresse à Platon et à Aristote des reproches qui ne sont pas fondés. Dire qu'Aristote était de mauvaise foi est une affirmation tout à fait gratuite, et l'on pourrait aussi bien dire que Descartes était de mauvaise foi, sous prétexte qu'il s'est trompé dans certains problèmes de physique.

2. Ces affirmations sont plus ou moins exactes du point de vue historique, mais on peut saisir l'intention de la pensée de Descartes en la résumant ainsi : il essaye de classer les philosophes en deux groupes, d'une

plupart des disputes, que, la vérité étant moyenne entre les
7 deux opinions qu'on | soutient, chacun s'en éloigne d'autant
plus qu'il a plus d'affection à contredire. Mais l'erreur de ceux
qui penchaient trop du côté du doute ne fut pas longtemps
suivie, et celle des autres a été quelque peu corrigée, en ce
qu'on a reconnu que les sens nous trompent en beaucoup de
choses. Toutefois je ne sache point qu'on l'ait entièrement
ôtée en faisant voir que la certitude n'est pas dans le sens, mais
dans l'entendement seul, lorsqu'il a des perceptions évidentes ; et que, pendant qu'on n'a que les connaissances qui
s'acquièrent par les quatre premiers degrés de sagesse, on ne
doit pas douter des choses qui semblent vraies, en ce qui
regarde la conduite de la vie, mais qu'on ne doit pas aussi les
estimer si certaines qu'on ne puisse changer d'avis, lorsqu'on
y est obligé par l'évidence de quelque raison. Faute d'avoir
connu cette vérité, ou bien, s'il y en a qui l'ont connue, faute de
s'en être servis, la plupart de ceux de ces derniers siècles qui
ont voulu être philosophes, ont suivi aveuglément Aristote, en
sorte qu'ils ont souvent corrompu le sens de ses écrits, en lui
attribuant diverses opinions qu'il ne reconnaîtrait pas être
siennes, s'il revenait en ce monde ; et ceux qui ne l'ont pas
suivi (du nombre desquels ont été plusieurs des meilleurs
esprits) n'ont pas laissé d'avoir été imbus de ses opinions en
leur jeunesse (pour ce que ce sont les seules qu'on enseigne
dans les écoles), ce qui les a tellement préoccupés, qu'ils n'ont
pu parvenir à la connaissance des vrais principes. Et bien que
je les estime tous, et que je ne veuille pas me rendre odieux en

---

part ceux qui ont vu la difficulté qu'il y a à établir une science sûre, mais qui
n'ont pas cherché à vaincre cette difficulté, et se sont installés dans le doute
d'une manière définitive, alors que le doute, bien compris, ne doit être
qu'une étape ; et d'autre part ceux qui n'ont pas bien vu la difficulté, et se
sont fiés à un moyen de connaissance facile, mais trompeur : les sens. Les
uns et les autres ont eu en commun le même défaut : ils n'ont pas été capables
de dépasser le niveau de la connaissance sensible : ils n'ont pas vu qu'il
existe un mode de connaissance difficile, mais sûr : l'entendement.

les reprenant, je puis donner une preuve de mon dire | que je ne **8**
crois pas qu'aucun d'eux désavoue, qui est qu'ils ont tous
supposé pour principe quelque chose qu'ils n'ont point parfaitement connu. Par exemple, je n'en sache aucun qui n'ait supposé la pesanteur dans les corps terrestres ; mais encore que
l'expérience nous montre bien clairement que les corps qu'on
nomme pesants descendent vers le centre de la terre, nous ne
connaissons point pour cela quelle est la nature de ce qu'on
nomme pesanteur, c'est-à-dire de la cause ou du principe qui
les fait ainsi descendre, et nous le devons apprendre d'ailleurs.
On peut dire le même du vide et des atomes, et du chaud et du
froid, du sec, de l'humide, et du sel, du soufre, du mercure, et
de toutes les choses semblables que quelques uns ont sup-
posées pour leurs principes[1]. Or toutes les conclusions qu'on
déduit d'un principe qui n'est pas évident ne peuvent aussi être
évidentes, encore qu'elles en seraient déduites évidemment :
d'où il suit que tous les raisonnements qu'ils ont appuyés sur
de tels principes, n'ont pu leur donner la connaissance certaine
d'aucune chose, ni par conséquent les faire avancer d'un pas
en la recherche de la sagesse. Et s'ils ont trouvé quelque chose
de vrai, ce n'a été que par quelques uns des quatre moyens
ci-dessus déduits. Toutefois je ne veux rien diminuer de l'hon-
neur que chacun d'eux peut prétendre ; je suis seulement
obligé de dire, pour la consolation de ceux qui n'ont point
étudié, que tout de même qu'en voyageant, pendant qu'on
tourne le dos au lieu où l'on veut aller, on s'en éloigne d'autant
| plus qu'on marche plus longtemps et plus vite, en sorte que, **9**
bien qu'on soit mis par après dans le droit chemin, on ne peut
pas arriver si tôt que si on avait point marché auparavant ; ainsi,

---

1. En résumé, ce que Descartes reproche ici à ses prédécesseurs est
d'avoir pris pour principes d'explication des *qualités sensibles*, telles que
sont le chaud et le froid. Or les qualités sensibles ne sont pas des notions
simples, mais composées, car elles dépendent à la fois de la nature de l'objet
et de celle du sujet percevant. Descartes n'utilisera comme principes que des
notions simples, c'est-à-dire, claires par elles-mêmes.

lorsqu'on a de mauvais principes, d'autant qu'on les cultive davantage et qu'on s'applique avec plus de soin à en tirer diverses conséquences, pensant que ce soit bien philosopher, d'autant s'éloigne-t-on davantage de la connaissance de la vérité et de la sagesse. D'où il faut conclure que ceux qui ont le moins appris de tout ce qui a été nommé jusqu'ici philosophie, sont les plus capables d'apprendre la vraie.

Après avoir bien fait entendre ces choses, j'aurais voulu mettre ici les raisons qui servent à prouver que les vrais principes par lesquels on peut parvenir à ce plus haut degré de sagesse, auquel consiste le souverain bien de la vie humaine, sont ceux que j'ai mis en ce livre : et deux seules sont suffisantes à cela, dont la première est qu'ils sont très clairs, et la seconde, qu'on en peut déduire toutes les autres choses : car il n'y a que ces deux conditions qui soient requises en eux. Or je prouve aisément qu'ils sont très clairs : premièrement, par la façon dont je les ai trouvés, à savoir en rejettant toutes les choses auxquelles je pouvais rencontrer la moindre occasion de douter ; car il est certain que celles qui n'ont pu en cette façon être rejettées, lorsqu'on s'est appliqué à les considérer, sont les plus évidentes et les plus claires que l'esprit humain puisse connaître. Ainsi, en considérant que celui qui veut douter de tout, ne peut toutefois douter qu'il ne soit, pendant
10 qu'il doute, et que ce | qui raisonne ainsi, en ne pouvant douter de soi-même et doutant néanmoins de tout le reste, n'est pas ce que nous disons être notre corps, mais ce que nous appelons notre âme ou notre pensée, j'ai pris l'être ou l'existence de cette pensée pour le premier principe, duquel j'ai déduit très clairement les suivants : à savoir qu'il y a un Dieu, qui est auteur de tout ce qui est au monde, et qui, étant la source de toute verité, n'a point créé notre entendement de telle nature qu'il se puisse tromper au jugement qu'il fait des choses dont il a une perception fort claire et fort distincte. Ce sont là tous les principes dont je me sers touchant les choses immatérielles ou

métaphysiques, desquels je déduis très clairement ceux des choses corporelles ou physiques, à savoir qu'il y a des corps étendus en longueur, largeur et profondeur, qui ont diverses figures et se meuvent en diverses façons. Voilà, en somme, tous les principes dont je déduis la vérité des autres choses. L'autre raison qui prouve la clarté des principes est qu'ils ont été connus de tout temps, et même reçus pour vrais et indubitables par tous les hommes, excepté seulement l'existence de Dieu, qui a été mise en doute par quelques uns, à cause qu'ils ont trop attribué aux perceptions des sens, et que Dieu ne peut être vu ni touché. Mais encore que toutes les vérités que je mets entre mes principes ayant été connues de tout temps de tout le monde, il n'y a toutefois eu personne jusqu'à présent, que je sache, qui les ait reconnues pour les principes de la philosophie, c'est-à-dire pour telles qu'on en peut dé|duire la **11** connaissance de toutes les autres choses qui sont au monde : c'est pourquoi il me reste ici à prouver qu'elles sont telles ; et il me semble ne le pouvoir mieux qu'en le faisant voir par expérience, c'est-à-dire en conviant les lecteurs à lire ce livre. Car encore que je n'y aie pas traité de toutes choses, et que cela soit impossible, je pense avoir tellement expliqué toutes celles dont j'ai eu occasion de traiter, que ceux qui les liront avec attention auront sujet de se persuader qu'il n'est point besoin de chercher d'autres principes que ceux que j'ai donnés, pour parvenir à toutes les plus hautes connaissances dont l'esprit humain soit capable; principalement si, après avoir lu mes écrits, ils prennent la peine de considérer combien de diverses questions y sont expliquées, et que, parcourant aussi ceux des autres, ils voient combien peu de raisons vraisemblables on a pu donner, pour expliquer les mêmes questions par des principes différents des miens. Et, afin qu'ils entreprennent cela plus aisément, j'aurais pu leur dire que ceux qui sont imbus de mes opinions ont beaucoup moins de peine à entendre les écrits des autres et à en connaître la juste valeur, que ceux qui

n'en sont point imbus ; tout au contraire de ce que j'ai tantôt dit
de ceux qui ont commencé par l'ancienne philosophie, que
d'autant qu'ils y ont plus étudié, d'autant ils ont coutume
d'être moins propres à bien apprendre la vraie.

J'aurais aussi ajouté un mot d'avis touchant la façon de lire
ce livre, qui est que je voudrais qu'on le parcourt d'abord tout
12 entier ainsi qu'un roman, sans | forcer beaucoup son attention,
ni s'arrêter aux difficultés qu'on y peut rencontrer, afin seulement de savoir en gros quelles sont les matières dont j'ai
traité ; et qu'après cela, si on trouve qu'elles méritent d'être
examinées et qu'on ait la curiosité d'en connaître les causes,
on le peut lire une seconde fois, pour remarquer la suite de mes
raisons ; mais qu'il ne se faut pas derechef rebuter, si on ne la
peut assez connaître partout, ou qu'on ne les entende pas
toutes ; il faut seulement marquer d'un trait de plume les lieux
où l'on trouvera de la difficulté et continuer de lire sans inter-
ruption jusqu'à la fin ; puis, si on reprend le livre pour la
troisième fois, j'ose croire qu'on y trouvera la solution de la
plupart des difficultés qu'on aura marquées auparavant ; et
que, s'il en reste encore quelques unes, on en trouvera enfin la
solution en relisant.

J'ai pris garde, en examinant le naturel de plusieurs esprits,
qu'il n'y en a presque point de si grossiers ni de si tardifs qu'ils
ne fussent capables d'entrer dans les bons sentiments et même
d'acquérir toutes les plus hautes sciences, s'ils étaient conduits
comme il faut[1]. Et cela peut aussi être prouvé par raison : car,
puisque les principes sont clairs et qu'on n'en doit rien déduire
que par des raisonnements très évidents, on a toujours assez
d'esprit pour entendre les choses qui en dépendent. Mais, outre
l'empêchement des préjugés, dont aucun n'est entièrement
exempt, bien que ce sont ceux qui ont le plus étudié les mau-
vaises sciences auxquels ils nuisent le plus, il arrive presque

---

1. De là l'importance de la méthode.

toujours que ceux qui ont l'esprit | modéré négligent d'étudier, **13**
pour ce qu'ils n'en pensent pas être capables et que les autres
qui sont plus ardents se hâtent trop : d'où vient qu'ils reçoivent
souvent des principes qui ne sont pas évidents, et qu'ils en
tirent des conséquences incertaines. C'est pourquoi je
voudrais assurer ceux qui se défient trop de leurs forces qu'il
n'y a aucune chose en mes écrits qu'ils ne puissent entièrement
entendre, s'ils prennent la peine de les examiner ; et néanmoins
aussi avertir les autres que même les plus excellents esprits
auront besoin de beaucoup de temps et d'attention pour
remarquer toutes les choses que j'ai eu dessein d'y
comprendre.

Ensuite de quoi, pour faire bien concevoir quel but j'ai eu
en les publiant, je voudrais ici expliquer l'ordre qu'il me
semble qu'on doit tenir pour s'instruire. Premièrement, un
homme qui n'a encore que la connaissance vulgaire et imparfaite qu'on peut acquérir par les quatre moyens ci-dessus
expliqués, doit avant tout tâcher de se former une morale qui
puisse suffire pour régler les actions de sa vie, à cause que cela
ne souffre point de délai, et que nous devons surtout tâcher de
bien vivre[1]. Après cela, il doit aussi étudier la logique : non pas
celle de l'école, car elle n'est, à proprement parler, qu'une
dialectique qui enseigne les moyens de faire entendre à autrui
les choses qu'on sait, ou même aussi de dire sans jugement
plusieurs paroles touchant celles qu'on ne sait pas, et ainsi elle
corrompt le bon sens plutôt qu'elle ne l'augmente[2] ; mais celle

---

1. Cf. *Discours de la Méthode*, 3ᵉ partie, où Descartes expose la morale
provisoire qu'il s'est donnée pour le temps qu'il passerait à chercher la
vérité.

2. La logique aristotélicienne que Descartes critique ici a joué dans
l'histoire de la pensée un rôle que Descartes semble méconnaître : elle a
servi à mettre fin aux faux raisonnements des Sophistes. Mais le reproche
que Descartes lui adresse, à savoir de ne pas faire progresser la pensée, est en
partie justifié. Cela tient à ce qu'à l'époque d'Aristote la science en était
encore au stade de la classification, et que sa logique a été connue en

14 qui apprend à bien conduire | sa raison pour découvrir les
vérités qu'on ignore ; et pour ce qu'elle dépend beaucoup de
l'usage, il est bon qu'il s'exerce longtemps à en pratiquer les
règles touchant des questions faciles et simples, comme sont
celles des mathématiques. Puis, lorsqu'il s'est acquis quelque
habitude à trouver la vérité en ces questions, il doit commencer
tout de bon à s'appliquer à la vraie philosophie, dont la
première partie est la métaphysique, qui contient les principes
de la connaissance, entre lesquels est l'explication des principaux attributs de Dieu, de l'immatérialité de nos âmes, et de
toutes les notions claires et simples qui sont en nous. La
seconde est la physique, en laquelle, après avoir trouvé les
vrais principes des choses matérielles, on examine en général
comment tout l'univers est composé, puis en particulier quelle
est la nature de cette Terre et de tous les corps qui se trouvent le
plus communément autour d'elle, comme de l'air, de l'eau, du
feu, de l'aimant et des autres minéraux. Ensuite de quoi il est
besoin aussi d'examiner en particulier la nature des plantes,
celle des animaux et surtout celle de l'homme, afin qu'on soit
capable par après de trouver les autres sciences qui lui sont
utiles. Ainsi toute la philosophie est comme un arbre, dont les
racines sont la métaphysique, le tronc est la physique et les
branches qui sortent de ce tronc sont toutes les autres sciences
qui se réduisent à trois principales, à savoir la médecine, la
mécanique et la morale, j'entends la plus haute et la plus
parfaite morale, qui, présupposant une entière connaissance
des autres sciences, est le dernier degré de la sagesse.

15 | Or comme ce n'est pas des racines, ni du tronc des arbres,
qu'on cueille les fruits, mais seulement des extrémités de leurs
branches, ainsi la principale utilité de la philosophie dépend de

fonction d'une telle science ; ainsi a-t-elle un caractère statique. La logique
que Descartes préconise s'inspirera au contraire du caractère progressif des
mathématiques.

celles de ses parties qu'on ne peut apprendre que les dernières. Mais, bien que je les ignore presque toutes, le zèle que j'ai toujours eu pour tâcher de rendre service au public est cause que je fis imprimer, il y a dix ou douze ans, quelques essais des choses qu'il me semblait avoir apprises. La première partie de ces essais fut un Discours touchant la Méthode pour bien conduire sa raison et chercher la vérité dans les sciences, où je mis sommairement les principales règles de la logique et d'une morale imparfaite, qu'on peut suivre par provision pendant qu'on n'en sait point encore de meilleure. Les autres parties furent trois traités : l'un de la Dioptrique, l'autre des Météores et le dernier de la Géométrie. Par la Dioptrique, j'eus dessein de faire voir qu'on pouvait aller assez avant en la philosophie, pour arriver par son moyen jusqu'à la connaissance des arts qui sont utiles à la vie, à cause que l'invention des lunettes d'approche, que j'y expliquais, est l'une des plus difficiles qui aient jamais été cherchées. Par les Météores je désirais qu'on reconnût la différence qui est entre la philosophie que je cultive et celle qu'on enseigne dans les écoles où l'on a coutume de traiter de la même matière. Enfin, par la Géométrie je prétendais démontrer que j'avais trouvé plusieurs choses qui ont été ci-devant ignorées et ainsi donner occasion de croire qu'on en peut découvrir encore plusieurs autres, afin d'inciter par ce moyen tous les | hommes à la recherche de la vérité. **16** Depuis ce temps-là, prévoyant la difficulté que plusieurs auraient à concevoir les fondements de la métaphysique, j'ai tâché d'en expliquer les principaux points dans un livre de Méditations qui n'est pas bien grand, mais dont le volume a été grossi et la matière beaucoup éclaircie, par les objections que plusieurs personnes très doctes m'ont envoyées à leur sujet et par les réponses que je leur ai faites. Puis, enfin, lorsqu'il m'a semblé que ces traités précédents avaient assez préparé l'esprit des lecteurs à recevoir les principes de la philosophie, je les ai aussi publiés et j'en ai divisé le livre en quatre parties, dont la

première contient les principes de la connaissance, qui est ce
qu'on peut nommer la première philosophie ou bien la métaphysique : c'est pourquoi, afin de la bien entendre, il est à
propos de lire auparavant les méditations que j'ai écrites sur le
même sujet. Les trois autres parties contiennent tout ce qu'il y
a de plus général en la physique, à savoir l'explication des
premières lois ou des principes de la nature, et la façon dont les
cieux, les étoiles fixes, les planètes, les comètes, et généralement tout l'univers est composé ; puis, en particulier, la
nature de cette terre et de l'air, de l'eau, du feu, de l'aimant, qui
sont les corps qu'on peut trouver le plus communément
partout autour d'elle ; et de toutes les qualités qu'on remarque
en ces corps, comme sont la lumière, la chaleur, la pesanteur et
semblables : au moyen de quoi je pense avoir commencé à
expliquer toute la philosophie par ordre, sans avoir omis
17 aucune des choses qui doivent pré|céder les dernières dont j'ai
écrit. Mais, afin de conduire ce dessein jusqu'à la fin, je
devrais ci-après expliquer en même façon la nature de chacun
des autres corps plus particuliers qui sont sur la terre, à savoir
des minéraux, des plantes, des animaux et principalement de
l'homme ; puis, enfin, traiter exactement de la médecine, de la
morale, et des mécaniques. C'est ce qu'il faudrait que je fisse
pour donner aux hommes un corps de philosophie tout entier ;
et je ne me sens point encore si vieil, je ne me défie point tant de
mes forces, je ne me trouve pas si éloigné de la connaissance
de ce qui reste, que je n'osasse entreprendre d'achever ce
dessein, si j'avais la commodité de faire toutes les expériences
dont j'aurais besoin pour appuyer et justifier mes raisonnements. Mais voyant qu'il faudrait pour cela de grandes
dépenses auxquelles un particulier comme moi ne saurait
suffire, s'il n'était aidé par le public, et ne voyant pas que je
doive attendre cette aide, je crois devoir dorénavant me
contenter d'étudier pour mon instruction particulière, et que la

postérité m'excusera si je manque à travailler désormais pour elle.

Cependant, afin qu'on puisse voir en quoi je pense lui avoir déjà servi, je dirai ici quels sont les fruits que je me persuade qu'on peut tirer de mes principes. Le premier est la satisfaction qu'on aura d'y trouver plusieurs vérités qui ont été ci-devant ignorées ; car bien que souvent la vérité ne touche pas tant notre imagination que font les faussetés et les feintes, à cause qu'elle paraît moins admirable et plus simple, toutefois le contentement qu'elle donne est toujours | plus durable et plus **18** solide. Le second fruit est qu'en étudiant ces principes on s'accoutumera peu à peu à mieux juger de toutes les choses qui se rencontrent, et ainsi à être plus sage ; en quoi ils auront un effet contraire à celui de la philosophie commune ; car on peut aisément remarquer en ceux qu'on appelle pédants qu'elle les rend moins capables de raison qu'ils ne seraient s'ils ne l'avaient jamais apprise. Le troisième est que les vérités qu'ils contiennent, étant très claires et très certaines, ôteront tous sujets de dispute, et ainsi disposeront les esprits à la douceur et à la concorde : tout au contraire des controverses de l'école, qui, rendant insensiblement ceux qui les apprennent plus pointilleux et plus opiniâtres, sont peut-être la première cause des hérésies et des dissentions qui travaillent maintenant le monde. Le dernier et le principal fruit de ces principes est qu'on pourra, en les cultivant, découvrir plusieurs vérités que je n'ai point expliquées ; et ainsi, passant peu à peu des unes aux autres, acquérir avec le temps une parfaite connaissance de toute la philosophie et monter au plus haut degré de la sagesse. Car, comme on voit en tous les arts que, bien qu'ils soient au commencement rudes et imparfaits, toutefois, à cause qu'ils contiennent quelque chose de vrai et dont l'expérience montre l'effet, ils se perfectionnent peu à peu par l'usage : ainsi lorsqu'on a de vrais principes en philosophie, on ne peut manquer en les suivant de rencontrer parfois d'autres vérités ; et on ne saurait mieux prouver la fausseté de ceux d'Aristote qu'en disant qu'on n'a su faire aucun progrès par

19 leur | moyen depuis plusieurs siècles qu'on les a suivis[1].

Je sais bien qu'il y a des esprits qui se hâtent tant et usent de si peu de circonspection en ce qu'ils font, que, même ayant des fondements bien solides, ils ne sauraient rien bâtir d'assuré ; et pour ce que ce sont d'ordinaire ceux-là qui sont les plus prompts à faire des livres, ils pourraient en peu de temps gâter tout ce que j'ai fait, et introduire l'incertitude et le doute en ma façon de philosopher, d'où j'ai soigneusement tâché de les bannir, si on recevait leurs écrits comme miens, ou comme remplis de mes opinions. J'en ai vu depuis peu l'expérience en l'un de ceux qu'on a le plus cru me vouloir suivre[2], et même duquel j'avais écrit, en quelque endroit « que je m'assurais tant sur son esprit, que je ne croyais pas qu'il eut aucune opinion que je ne voulusse bien avouer pour mienne » : car il publia l'an passé un livre, intitulé FUNDAMENTA PHYSICAE, où, encore qu'il semble n'avoir rien mis, touchant la physique et la médecine, qu'il n'ait tiré de mes écrits, tant de ceux que j'ai publiés que d'un autre encore imparfait touchant la nature des animaux qui lui est tombé entre les mains, toutefois, à cause qu'il a mal transcrit, et changé l'ordre, et nié quelques vérités de métaphysique sur qui toute la physique doit être appuyée, je suis obligé de le désavouer entièrement, et de prier ici les

20 lecteurs | qu'ils ne m'attribuent jamais aucune opinion, s'ils ne la trouvent expressément en mes écrits, et qu'ils n'en reçoivent aucune pour vraie, ni dans mes écrits ni ailleurs, s'ils ne la voient très clairement être déduite des vrais principes.

---

1. On peut remarquer que le critère que Descartes utilise ici est celui même que proposeront plus tard les « Pragmatistes » : la vérité d'une idée se mesure à sa fécondité.
2. Henry Leroy.

Je sais bien aussi qu'il pourra se passer plusieurs siècles avant qu'on ait ainsi déduit de ces principes toutes les vérités qu'on en peut déduire, pour ce que la plupart de celles qui restent à trouver, dépendent de quelques expériences particulières, qui ne se rencontreront jamais par hasard, mais doivent être cherchées avec soin et dépense par des hommes fort intelligents ; et pour ce qu'il arrivera difficilement que les mêmes qui auront l'adresse de s'en bien servir aient le pouvoir de les faire ; et aussi pour ce que la plupart des meilleurs esprits ont conçu une si mauvaise opinion de toute la philosophie, à cause des défauts qu'ils ont remarqués en celle qui a été jusqu'à présent en usage, qu'ils ne pourront pas s'appliquer à en chercher une meilleure. Mais si enfin la différence qu'ils verront entre ces principes et tous ceux des autres, et la grande suite des vérités qu'on en peut déduire, leur fait connaître combien il est important de continuer en la recherche de ces vérités, et jusqu'à quel degré de sagesse, à quelle perfection de vie, à quelle félicité elles peuvent conduire, j'ose croire qu'il n'y en aura aucun qui ne tâche de s'employer à une étude si profitable, ou du moins qui ne favorise et veuille aider de tout son pouvoir ceux qui s'y emploieront avec fruit. Je souhaite que nos neveux en voient le succès, etc. [1]

---

1. Il est curieux de comparer le ton du *Discours de la Méthode* avec celui de la présente lettre-préface : dans le Discours, Descartes se présente avec beaucoup de modestie et s'excuse, en quelque sorte, d'avoir fait acte d'indépendance en cherchant la vérité par lui-même, et il se garde de prétendre donner des conseils. Ici, au contraire, il se présente en chef d'école, et ne met pas un instant en doute la vérité de ses principes et de sa méthode. Ses successeurs n'auront qu'à suivre la voie qu'il a tracée.

Rappelons pour expliquer cette différence, que le *Discours de la Méthode* a été publié avant les *Principes* (*Discours* : 1637 ; *Principes* : 1644) et qu'il constituait une sorte de ballon d'essai : il s'agissait de voir comment le public accueillerait la nouvelle philosophie.

LES PRINCIPES DE LA PHILOSOPHIE

PREMIÈRE PARTIE

DES PRINCIPES DE LA CONNAISSANCE HUMAINE

I

Articles 1 à 6

DU DOUTE

| 1. – *Que pour examiner la vérité il est besoin, une fois en* **25**
sa vie, de mettre toutes choses en doute, autant qu'il se peut.

Comme nous avons été enfants avant que d'être hommes [1],
et que nous avons jugé tantôt bien et tantôt mal des choses qui
se sont présentées à nos sens, lorsque nous n'avions pas encore

---

1. Idée souvent exprimée par Descartes. Pendant notre première
enfance, nous avons subi l'influence, d'une part de notre corps, d'autre part
de nos nourrices qui nous ont inculqué des idées fausses alors que nous
étions incapables de toute critique. Ces idées se sont imprimées en nous avec
d'autant plus de force que nous n'en avions point d'autres qui pussent les
combattre, et c'est pourquoi elles seront difficiles à déraciner. Cf. articles 47
et 71.

l'usage entier de notre raison, plusieurs jugements ainsi préci-
pités nous empêchent de parvenir à la connaissance de la
vérité, et nous préviennent[1] de telle sorte, qu'il n'y a point
d'apparence que nous puissions nous en délivrer, si nous
n'entreprenons de douter, une fois en notre vie, de toutes les
choses où nous trouverons le moindre soupçon d'incertitude.

2. – *Qu'il est utile aussi de considérer comme fausses
toutes les choses dont on peut douter*[2].

Il sera même fort utile que nous rejettions comme fausses
toutes celles où nous pourrons imaginer le moindre doute, afin
que, si nous en découvrons quelques unes qui, nonobstant
cette précaution, nous semblent manifestement vraies, nous
fassions état qu'elles sont aussi très certaines, et les plus aisées
qu'il est possible de connaître.

26 |3. – *Que nous ne devons point user de ce doute pour la
conduite de nos actions.*

Cependant il est à remarquer que je n'entends point que
nous nous servions d'une façon de douter si générale, sinon
lorsque nous commençons à nous appliquer à la contemplation
de la vérité. Car il est certain qu'en ce qui regarde la conduite
de notre vie, nous sommes obligés de suivre bien souvent des
opinions qui ne sont que vraisemblables, à cause que les
occasions d'agir en nos affaires se passeraient presque
toujours, avant que nous pussions nous délivrer de tous nos
doutes. Et lorsqu'il s'en rencontre plusieurs de telles sur un
même sujet, encore que nous n'apercevions peut-être pas
davantage de vraisemblance aux unes qu'aux autres, si
l'action ne souffre aucun délai, la raison veut que nous en

---

1. Les deux principales causes de l'erreur sont la prévention, ou
préjugé, et la précipitation.
2. Descartes n'admet pas de degrés dans la vérité. Pour lui le « vraisemblable » n'a aucune place dans la science, et il faut considérer comme faux
tout ce qui est seulement vraisemblable.

choisissions une, et qu'après l'avoir choisie, nous la suivions constamment, de même que si nous l'avions jugée très certaine[1].

4. – *Pourquoi on peut douter de la vérité des choses sensibles.*

Mais, pour ce que nous n'avons point d'autre dessein maintenant que de vaquer à la recherche de la vérité, nous douterons, en premier lieu, si de toutes les choses qui sont tombées sous nos sens, ou que nous avons jamais imaginées, il y en a quelques unes qui soient véritablement dans le monde : tant à cause que nous savons par expérience que nos sens nous ont trompés en plusieurs rencontres, et qu'il y aurait de l'imprudence de nous trop fier à ceux qui nous ont trompés, quand même ce n'aurait été qu'une fois ; comme aussi à cause que nous songeons presque toujours en dormant[2], et que pour lors il nous semble que nous sentons vivement et que nous imaginons clairement une infinité de choses qui ne sont point ailleurs, et que, lorsqu'on est ainsi résolu à douter de tout, il ne reste plus de marque par où on puisse savoir si les pensées qui viennent en songe sont plutôt fausses que les autres.

---

1. Le doute de Descartes est un doute méthodique et non sceptique. Les sceptiques, incertains dans leurs opinions, risquent d'être irrésolus dans leurs actions. Mais Descartes. qui ne doute que pour débarrasser son esprit de l'erreur et découvrir les vrais principes de la science, ne peut pas être irrésolu en ses actions, à la manière des sceptiques. L'irrésolution fait perdre du temps. Dans la vie pratique, il faut être capable de se décider et de se tenir à sa décision, même en l'absence d'une opinion certaine. Il faut savoir adopter un ordre d'action, même lorsqu'on ne connaît pas l'ordre des choses.

Cette alliance de la décision et du doute fait l'originalité et la force de la sagesse cartésienne. Cf. *Discours de la Méthode*, 3e partie, 2e maxime.

2. Le problème du rêve a beaucoup préoccupé Descartes. Voir la 6e Méditation, où il indique les critères pratiques pour distinguer les perceptions de l'état de veille de celles du sommeil.

5. – Pourquoi on peut aussi douter des démonstrations de mathématique.

Nous douterons aussi de toutes les autres choses qui nous ont semblé autrefois très certaines, même des démonstrations de mathématique et de ses principes, encore que d'eux mêmes ils soient assez manifestes ; pour ce qu'il y a des hommes qui se 27 sont mépris | en raisonnant sur de telles matières, mais principalement pour ce que nous avons ouï dire que Dieu, qui nous a créés, peut faire tout ce qu'il lui plaît, et que nous ne savons pas encore s'il a voulu nous faire tels que nous soyons toujours trompés, mêmes aux choses que nous pensons mieux connaître. Car, puisqu'il a bien permis que nous nous soyons trompés quelquefois, ainsi qu'il a été déjà remarqué, pourquoi ne pourrait-il pas permettre que nous nous trompions toujours ? Et si nous voulons feindre qu'un Dieu tout puissant n'est point auteur de notre être[1], et que nous subsistons par nous-mêmes, ou par quelque autre moyen, de ce que nous supposerons cet auteur moins puissant, nous aurons toujours d'autant plus de sujet de croire que nous ne sommes pas si parfaits, que nous ne puissions être continuellement abusés.

6. – Que nous avons un libre arbitre qui fait que nous pouvons nous abstenir de croire les choses douteuses, et ainsi nous empêcher d'être trompés.

Mais quand celui qui nous a créés serait tout puissant, et quand même il prendrait plaisir à nous tromper, nous ne laissons pas d'éprouver en nous une liberté qui est telle que, toutes les fois qu'il nous plaît, nous pouvons nous abstenir de

1. L'argumentation de Descartes peut se formuler ainsi : 1) s'il y a un Dieu tout-puissant, il est en son pouvoir de me tromper ; 2) et si je suis l'œuvre d'un être moins puissant, je n'en ai que moins de chances d'être parfait. Mais Descartes prouvera par la suite qu'un Dieu tout-puissant et parfait, s'il a la possibilité de me tromper, ne peut pas vouloir me tromper, car la volonté de tromper suppose de la « malice », c'est-à-dire de l'imperfection. Cf. article 29 et aussi la 4ᵉ Méditation.

recevoir en notre croyance les choses que nous ne connaissons pas bien, et ainsi nous empêcher d'être jamais trompés [1].

II

Article 7

LE RÉSULTAT POSITIF DU DOUTE : LE COGITO
MON EXISTENCE

7. – *Que nous ne saurions douter sans être, et que cela est la première connaissance certaine qu'on peut acquérir.*

Pendant que nous rejettons en cette sorte tout ce dont nous pouvons douter, et que nous feignons même qu'il est faux, nous supposons facilement qu'il n'y a point de Dieu, ni de ciel, ni de terre, et que nous n'avons point de corps; mais nous ne saurions supposer de même que nous ne sommes point, pendant que nous doutons de la vérité de toutes ces choses : car nous avons tant de répugnance à concevoir que ce qui pense n'est pas véritablement au même temps qu'il pense que, nonobstant toutes les plus extravagantes suppositions, nous ne saurions nous empêcher de croire que cette conclusion : JE PENSE, DONC JE SUIS [2], ne soit vraie, et par conséquent la première et la plus certaine qui se présente à celui qui conduit ses pensées par ordre [3].

---

1. Ce pouvoir de suspendre notre jugement est ce qui rend possible le doute méthodique, et il constitue l'épreuve suprême de notre liberté. Cf. article 39.

2. Ce célèbre argument du Cogito est exposé sous une forme analytiqne, et plus évocatrice, dans la 2ᵉ Méditation.

3. L'essentiel pour construire la science est de procéder par ordre. Cf. *Discours de la Méthode*, 2ᵉ partie, 3ᵉ règle.

III

Articles 8 à 12

LA DISTINCTION DE L'ÂME ET DU CORPS

28 |8. – *Qu'on connaît aussi ensuite la distinction qui est entre l'âme et le corps.*

Il me semble aussi que ce biais est tout le meilleur que nous puissions choisir pour connaître la nature de l'âme et qu'elle est une substance entièrement distincte du corps : car, examinant ce que nous sommes, nous qui pensons maintenant qu'il n'y a rien hors de notre pensée qui soit véritablement ou qui existe, nous connaissons manifestement que, pour être, nous n'avons pas besoin d'extension, de figure, d'être en aucun lieu, ni d'aucune autre telle chose qu'on peut attribuer au corps, et que nous sommes par cela seul que nous pensons [1] ; et par conséquent, que la notion que nous avons de notre âme ou de notre pensée précède celle que nous avons du corps, et qu'elle est plus certaine, vu que nous doutons encore qu'il y ait

Il ne faut pas confondre l'ordre logique avec l'ordre dans lequel les choses se présentent naturellement. Le Cogito n'est pas la première vérité que l'esprit aperçoive spontanément, il est le fruit d'une longue méditation. Mais il est, logiquement, la première des vérités, parce que c'est d'elle que les autres peuvent être déduites, et parce que sa clarté et sa distinction font d'elle le modèle même de l'idée vraie.

1. Descartes a mis en doute l'existence de toutes choses, y compris celle de son propre corps, et c'est au milieu même de ce doute qu'il a découvert qu'il ne pouvait douter de l'existence de la pensée elle-même. D'autre part, il assimile les termes « âme » et « pensée » (cf. article 53). Ainsi croit-il pouvoir conclure que l'âme, ou la pensée, ne dépend d'aucune de ces choses dont il a mis l'existence en doute, et que c'est elle qui constitue notre nature. Ainsi le Cogito ne nous révèle pas seulement notre existence, mais aussi notre nature.

Pour la distinction qui existe entre l'âme et le corps, cf. article II et la 2ᵉ Méditation.

au monde aucun corps et que nous savons certainement que nous pensons.

9. – *Ce que c'est que penser.*

Par le mot de penser j'entends tout ce qui se fait en nous de telle sorte que nous l'apercevons immédiatement par nous-mêmes ; c'est pourquoi non seulement entendre, vouloir, imaginer, mais aussi sentir, est la même chose ici que penser. Car si je dis que je vois ou que je marche et que j'infère de là que je suis, si j'entends parler de l'action qui se fait avec mes yeux ou avec mes jambes, cette conclusion n'est pas tellement infaillible que je n'aie quelque sujet d'en douter, à cause qu'il se peut faire que je pense voir ou marcher, encore que je n'ouvre point les yeux et que je ne bouge de ma place ; car cela m'arrive quelquefois en dormant, et le même pourrait peut-être arriver si je n'avais point de corps : au lieu que, si j'entends parler seulement de l'action de ma pensée, ou du sentiment, c'est-à-dire de la connaissance qui est en moi, qui fait qu'il me semble que je vois ou que je marche, cette même conclusion est si absolument vraie que je n'en peux douter, à cause qu'elle se rapporte à l'âme, qui seule a la faculté de sentir, ou bien de penser en quelqu'autre façon que ce soit [1].

10. – *Qu'il y a des notions d'elles mêmes si claires qu'on les obscursit en les voulant définir a la facon de l'école, et qu'elles ne s'acquièrent point par étude, mais naissent avec nous.*

Je n'explique pas ici plusieurs autres termes dont je me suis déjà servi et dont je fais état de me servir ci-après ; car je ne pense | pas que, parmi ceux qui liront mes écrits, il s'en **29**

1. Je puis me tromper sur ce que je pense, mais cela ne supprime pas la réalité de ma pensée en tant que telle. Vraie ou fausse, ma pensée est présente à mon esprit.

En somme, Descartes assimile ici pensée et conscience. La conscience est le point de départ : je ne peux partir d'ailleurs, et c'est par elle que je peux départager ce qui constitue mon essence et ce qui ne m'appartient pas.

rencontre de si stupides qu'ils ne puissent entendre d'eux-mêmes ce que ces termes signifient. Outre que j'ai remarqué que les philosophes, en tâchant d'expliquer par les règles de leur logique des choses qui sont manifestes d'elles-mêmes, n'ont rien fait que les obscurcir; et lors j'ai dit que cette proposition : JE PENSE, DONC JE SUIS, est la première et la plus certaine qui se présente à celui qui conduit ses pensées par ordre, je n'ai pas pour cela nié qu'il ne fallut savoir auparavant ce que c'est que pensée, certitude, existence et que pour penser il faut être et autres choses semblables; mais, à cause que ce sont là des notions si simples que d'elles-mêmes elles ne nous font avoir la connaissance d'aucune chose qui existe, je n'ai pas jugé qu'elles dussent être mises ici en compte[1].

11. – *Comment nous pouvons plus clairement connaître notre âme que notre corps*[2].

Or, afin de savoir comment la connaissance que nous avons de notre pensée précède celle que nous avons du corps et qu'elle est incomparablement plus évidente, et telle qu'encore qu'il ne fût point, nous aurions raison de conclure qu'elle ne laisserait pas d'être tout ce qu'elle est, nous remarquerons qu'il est manifeste, par une lumière qui est naturellement en nos âmes, que le néant n'a aucunes qualités ni propriétés qui lui soient affectées, et qu'où nous en apercevons quelques unes, il se doit trouver nécessairement une chose ou substance dont elles dépendent. Cette même lumière nous montre aussi que nous connaissons d'autant mieux une chose ou substance, que nous remarquons en elle davantage de propriétés. Or il est certain que nous en remarquons beaucoup plus en notre pensée qu'en aucune autre chose, d'autant qu'il n'y a rien qui nous

---

1. Leibnitz reprochera à Descartes de ne pas avoir défini les notions fondamentales de la philosophie et réhabilitera la règle des Scolastiques selon laquelle il ne faut parler d'aucune chose sans l'avoir définie (Voir : Leibnitz, Meditationes de Cognitione, Veritate et Ideis, 1684).

2. Cf. la 2e Méditation.

excite à connaître quoi que ce soit, qui ne nous porte encore plus certainement à connaître notre pensée[1]. Par exemple, si je me persuade qu'il y a une terre à cause que je la touche ou que je la vois, de cela même, par une raison encore plus forte, je dois être persuadé que ma pensée est ou existe, à cause qu'il se peut faire que je pense toucher la terre, encore qu'il n'y ait peut-être aucune terre au monde, et qu'il n'est pas possible que moi, c'est-à-dire mon âme, ne soit rien pendant qu'elle a cette pensée. Nous pouvons conclure le même de toutes les autres choses qui nous viennent en la pensée, à savoir que nous, qui les pensons, existons, encore qu'elles soient peut-être fausses ou qu'elles n'aient aucune existence.

|12. – *D'où vient que tout le monde ne la connaît pas en* **30** *cette façon.*

Ceux qui n'ont pas philosophé par ordre ont eu d'autres opinions sur ce sujet, pour ce qu'ils n'ont jamais distingué assez soigneusement leur âme, ou ce qui pense, d'avec le corps, ou ce qui est étendu en longueur, largeur et profondeur[2]. Car encore qu'ils ne fissent point difficulté de croire qu'ils étaient dans le monde, et qu'ils en eussent une assurance plus grande que d'aucune autre chose, néanmoins, comme ils n'ont pas pris garde que, par eux, lors qu'il était question d'une certitude métaphysique, ils devaient entendre seulement leur pensée, et qu'au contraire ils ont mieux aimé croire que c'était leur corps, qu'ils voyaient de leurs yeux, qu'ils touchaient de leurs mains, et auquel ils attribuaient mal à propos la faculté de sentir, ils n'ont pas connu distinctement la nature de leur âme.

---

1. Tout ce que nous pouvons connaître, nous le connaissons par le moyen de la pensée; la pensée est donc la première réalité qui se révèle à nous, et la plus riche. On peut voir là le fondement de ce que l'on appelle la philosophie « idéaliste ».

2. L'âme se caractérise par la pensée, le corps par l'étendue. Cf. article 53.

IV

Articles 13 à 23

DE DIEU

13. – *En quel sens on peut dire que, si on ignore Dieu, on ne peut avoir de connaissance certaine d'aucune autre chose*[1].

Mais, lorsque la pensée, qui se connaît soi-même en cette façon, nonobstant qu'elle persiste encore à douter des autres choses, use de circonspection pour tâcher d'étendre sa connaissance plus avant, elle trouve en soi, premièrement, les idées de plusieurs choses; et pendant qu'elle les contemple simplement, et qu'elle n'assure pas qu'il y ait rien hors de soi qui soit semblable à ces idées, et qu'aussi elle ne le nie pas, elle est hors de danger de se méprendre. Elle rencontre aussi quelques notions communes, dont elle compose des démonstrations, qui la persuadent si absolument, qu'elle ne saurait douter de leur vérité pendant qu'elle s'y applique. Par exemple, elle a en soi les idées des nombres et des figures; elle a aussi, entre ses communes notions, «que si on ajoute des quantités égales à d'autres quantités égales, les touts seront égaux» et beaucoup d'autres aussi évidentes que celle-ci, par lesquelles il est aisé de démontrer que les trois angles d'un triangle sont égaux à deux droits, etc. Tant qu'elle aperçoit ces notions et l'ordre dont elle a déduit cette conclusion ou d'autres semblables, elle est très assurée de leur vérité; mais, comme elle ne saurait y penser toujours avec tant d'attention,
31 lorsqu'il arrive qu'elle se souvient de quelque | conclusion sans prendre garde à l'ordre dont elle peut être démontrée, et que cependant elle pense que l'auteur de son être aurait pu la créer de telle nature qu'elle se méprît en tout ce qui lui semble

1. Cf. 3ᵉ Méditation.

très évident, elle voit bien qu'elle a un juste sujet de se défier de la vérité de tout ce qu'elle n'aperçoit pas distinctement, et qu'elle ne saurait avoir aucune science certaine jusqu'à ce qu'elle ait connu celui qui l'a créée.

14. – *Qu'on peut démontrer qu'il y a un Dieu, de cela seul que la nécessité d'être ou d'exister est comprise en la notion que nous avons de lui.*

Lorsque, par après, elle fait une revue sur les diverses idées ou notions qui sont en soi, et qu'elle y trouve celle d'un être tout connaissant, tout puissant et extrêmement parfait, elle juge facilement, par ce qu'elle aperçoit en cette idée, que Dieu, qui est cet Être tout parfait, est ou existe : car, encore qu'elle ait des idées distinctes de plusieurs autres choses, elle n'y remarque rien qui l'assure de l'existence de leur objet; au lieu qu'elle aperçoit en celle-ci, non pas seulement comme dans les autres une existence possible, mais une absolument nécessaire et éternelle. Et, comme de ce qu'elle voit qu'il est nécessairement compris dans l'idée qu'elle a du triangle, que ses trois angles soient égaux à deux droits, elle se persuade absolument que le triangle a trois angles égaux à deux droits : de même, de cela seul qu'elle aperçoit que l'existence nécessaire et éternelle est comprise dans l'idée qu'elle a d'un Être tout parfait, elle doit conclure que cet Être tout parfait est ou existe[1].

15. – *Que la nécessité d'être n'est pas ainsi comprise en la notion que nous avons des autres choses, mais seulement le pouvoir d'être.*

Elle pourra s'assurer encore mieux de la vérité de cette conclusion, si elle prend garde qu'elle n'a point en soi l'idée ou

---

1. Cet argument, appelé argument ontologique, peut se résumer ainsi : Dieu étant par définition l'être parfait, doit contenir toutes les perfections, et en particulier celle qui consiste à exister. Donc, Dieu, être parfait, ne peut pas ne pas exister.

la notion d'aucune autre chose où elle puisse reconnaître une existence qui soit ainsi absolument nécessaire. Car de cela seul elle saura que l'idée d'un Être tout parfait n'est point en elle par une fiction, comme celle qui représente une chimère[1], mais qu'au contraire elle y est empreinte par une nature immuable et vraie, et qui doit nécessairement exister, pour ce qu'elle ne peut être conçue qu'avec une existence nécessaire.

32 |16. – *Que les préjugés empêchent que plusieurs ne connaissent clairement cette nécessité d'être qui est en Dieu.*

Notre âme ou notre pensée n'aurait pas de peine à se persuader cette vérité, si elle était libre de ses préjugés; mais, d'autant que nous sommes accoutumés à distinguer en toutes les autres choses l'essence de l'existence[2], et que nous pouvons feindre à plaisir plusieurs idées de choses qui peut-être n'ont jamais été et qui ne seront peut-être jamais, lorsque nous n'élevons pas comme il faut notre esprit à la contemplation de cet Être tout parfait, il se peut faire que nous doutions si l'idée que nous avons de lui n'est pas l'une de celles que nous feignons quand bon nous semble, ou qui sont possibles, encore que l'existence ne soit pas nécessairement comprise en leur nature.

---

1. Je puis bien imaginer une chimère comme *possible*, mais rien ne me permettra d'affirmer son *existence*, parce que l'idée d'une chimère ne comporte pas l'idée d'existence *nécessaire*.

2. Pour tout objet autre que Dieu, il y a lieu de distinguer entre son essence, c'est-à-dire la notion que nous en avons, et son existence, c'est-à-dire le fait qu'il y ait effectivement ou non dans le monde un objet qui réponde à cette notion. Mais, en Dieu, essence et existence coïncident: le concept même de Dieu, en tant qu'il est le concept d'un être parfait, implique son existence.

17. – *Que, d'autant que nous concevons plus de perfection en une chose, d'autant devons nous croire que sa cause doit aussi être plus parfaite*[1].

De plus, lorsque nous faisons réflexion sur les diverses idées qui sont en nous, il est aisé d'apercevoir qu'il n'y a pas beaucoup de différence entre elles, en tant que nous les considérons simplement comme les dépendances de notre âme ou de notre pensée, mais qu'il y en a beaucoup, en tant que l'une représente une chose, et l'autre une autre ; et même, que leur cause doit être d'autant plus parfaite que ce qu'elles représentent de leur objet a plus de perfection. Car, tout ainsi que, lorsqu'on nous dit que quelqu'un a l'idée d'une machine où il y a beaucoup d'artifice, nous avons raison de nous enquérir comment il a pu avoir cette idée : à savoir s'il a vu quelque part une telle machine faite par un autre, ou s'il a si bien appris la science des mécaniques, ou s'il est avantagé d'une telle vivacité d'esprit, que de lui-même il ait pu l'inventer sans avoir rien vu de semblable ailleurs ; à cause que tout l'artifice qui est représenté dans l'idée qu'a cet homme ainsi que dans un tableau, doit être en sa première et principale cause, non pas seulement par imitation, mais en effet de la même sorte, ou d'une façon encore plus éminente[2] qu'il n'est représenté.

---

1. Descartes reprend ici à son compte un principe qui était en usage parmi les scolastiques, à savoir qu'il doit y avoir autant ou plus de réalité dans la cause que dans l'effet. Cf. *Réponses aux secondes objections*, Axiomes IV.

2. Cf. *Réponses aux secondes objections*, Définition IV. On peut distinguer entre l'objet et l'idée qui le représente deux sortes de rapports : si l'objet contient autant que l'idée, et le contient sous la même forme, il est la cause « formelle » de cette idée ; si l'objet contient plus que l'idée, et le contient sous un mode d'être supérieur, il en est la cause « éminente ».

Ces termes sont aussi empruntés à la philosophie scolastique.

33 |18. – *Qu'on peut derechef démontrer par cela qu'il y a un Dieu.*

De même, pour ce que nous trouvons en nous l'idée d'un Dieu ou d'un être tout parfait, nous pouvons rechercher la cause qui fait que cette idée est en nous ; mais, après avoir considéré avec attention combien sont immenses les perfections qu'elle nous représente, nous sommes contraints d'avouer que nous ne saurions la tenir que d'un Être très parfait, c'est-à-dire d'un Dieu qui est véritablement ou qui existe, pour ce qu'il est non seulement manifeste par la lumière naturelle que le néant ne peut être auteur de quoi que ce soit, et que le plus parfait ne saurait être une suite et une dépendance du moins parfait[1], mais aussi pour ce que nous voyons, par le moyen de cette même lumière, qu'il est impossible que nous ayons l'idée ou l'image de quoi que ce soit, s'il n'y a, en nous ou ailleurs, un original qui comprenne en effet toutes les perfections qui nous sont ainsi représentées. Mais comme nous savons que nous sommes sujets à beaucoup de défauts, et que nous ne possédons pas ces extrêmes perfections dont nous avons l'idée, nous devons conclure qu'elles sont en quelque nature qui est différente de la nôtre et en effet très parfaite, c'est-à-dire qui est Dieu ; ou du moins qu'elles ont été autrefois en cette chose ; et il suit de ce qu'elles étaient infinies, qu'elles y sont encore.

1. Dans cette phrase, ce que Descartes appelle le plus parfait, c'est *l'idée* de l'être parfait, ou idée de Dieu. On voit ainsi qu'il considère l'idée elle-même comme une sorte d'être ; pour Descartes, de même que pour Platon, l'idée n'est pas un simple produit de l'esprit, mais une réalité que l'esprit découvre. Et c'est justement parce que l'idée est elle-même un être qu'elle requiert une cause pour rendre compte de son existence.

19. – *Qu'encore que nous ne comprenions pas tout ce qui est en Dieu, il n'y a rien toutefois que nous ne connaissions si clairement comme ses perfections.*

Je ne vois point en cela de difficulté, pour ceux qui ont accoutumé leur esprit à la contemplation de la Divinité et qui ont pris garde à ses perfections infinies. Car, encore que nous ne les comprenions pas, pour ce que la nature de l'infini est telle que des pensées finies ne le sauraient comprendre, nous les concevons néanmoins plus clairement et plus distinctement que les choses matérielles, à cause qu'étant plus simples et n'étant point limitées, ce que nous en concevons est beaucoup moins confus. Aussi il n'y a point de spéculation qui puisse plus aider à perfectionner notre entendement et qui soit plus importante que celle-ci, d'autant que la considération d'un objet qui n'a point de bornes en ses perfections nous comble de satisfaction et d'assurance.

|20. – *Que nous ne sommes pas la cause de nous-mêmes,* **34** *mais que c'est Dieu, et que par conséquent il y a un Dieu.*

Mais tout le monde n'y prend pas garde comme il faut ; et pour ce que nous savons assez, lorsque nous avons une idée de quelque machine où il y a beaucoup d'artifice, la façon dont nous l'avons eue, et que nous ne saurions nous souvenir de même quand l'idée que nous avons d'un Dieu nous a été communiquée de Dieu, à cause qu'elle a toujours été en nous[1], il faut que nous fassions encore cette revue, et que nous recherchions quel est donc l'auteur de notre âme ou de notre pensée, qui a en soi l'idée des perfections infinies qui sont en Dieu : pour ce qu'il est évident que ce qui connaît quelque chose de plus parfait que soi, ne s'est point donné l'être, à cause que par même moyen, il se serait donné toutes les perfections dont il aurait eu connaissance ; et par conséquent qu'il

---

1. L'idée de perfection est une de nos idées « innées ».

ne saurait subsister par aucun autre que par celui qui possède
en effet toutes ces perfections, c'est-à-dire qui est Dieu.

21. – *Que la seule durée de notre vie suffit pour démontrer
que Dieu est.*

Je ne crois pas qu'on doute de la vérité de cette démonstration, pourvu qu'on prenne garde à la nature du temps ou de
la durée de notre vie. Car, étant telle que ses parties ne
dépendent point les unes des autres et n'existent jamais ensemble, de ce que nous sommes maintenant, il ne s'ensuit pas
nécessairement que nous soyons un moment après, si quelque
cause, à savoir la même qui nous a produit, ne continue à nous
produire, c'est-à-dire ne nous conserve[1]. Et nous connaissons
aisément qu'il n'y a point de force en nous par laquelle nous
puissions subsister ou nous conserver un seul moment et que
celui qui a tant de puissance qu'il nous fait subsister hors de lui
et qui nous conserve, doit se conserver soi-même, ou plutôt n'a
besoin d'être conservé par qui que ce soit, et enfin qu'il est
Dieu.

22. – *Qu'en connaissant qu'il y a un Dieu, en la façon ici
expliquée, on connaît aussi tous ses attributs, autant qu'ils
peuvent être connus par la seule lumière naturelle*[2].

Nous recevons encore cet avantage, en prouvant de cette
sorte l'existence de Dieu, que nous connaissons par même
35 moyen ce | qu'il est, autant que le permet la faiblesse de notre
nature. Car, faisant réflexion sur l'idée que nous avons naturellement de lui, nous voyons qu'il est éternel, tout connaissant,
tout puissant, source de toute bonté et vérité, créateur de toutes

1. Descartes conçoit le temps comme discontinu et *réellement* divisible.
Dans ces conditions, il faut autant de puissance pour me *conserver* qu'il n'en
faut pour me *créer*, à quelque instant que ce soit. Rien ne dure que par
création renouvelée.

Bergson critiquera cette conception du temps. Pour lui, la *durée* est
insécable ; les moments ne sont que des abstractions.

2. Par opposition à : Révélation.

choses, et qu'enfin il a en soi tout ce en quoi nous pouvons reconnaître quelque perfection infinie, ou bien qui n'est bornée d'aucune imperfection.

23. – Que Dieu n'est point corporel, et ne connaît point par l'aide des sens, comme nous, et n'est point auteur du péché.

Car il y a des choses dans le monde qui sont limitées et en quelque façon imparfaites, encore que nous remarquions en elles quelques perfections; mais nous concevons aisément qu'il n'est pas possible qu'aucune de celles-là soient en Dieu. Ainsi, pour ce que l'extension constitue la nature du corps, et que ce qui est étendu peut être divisé en plusieurs parties, et que cela marque du défaut, nous concluons que Dieu n'est point un corps. Et bien que ce soit un avantage aux hommes d'avoir des sens, néanmoins, à cause que les sentiments se font en nous par des impressions qui viennent d'ailleurs, et que cela témoigne de la dépendance, nous concluons aussi que Dieu n'en a point; mais qu'il entend et veut non pas encore comme nous par des opérations aucunement différentes, mais que toujours, par une même et très simple action, il entend, veut et fait tout, c'est-à-dire toutes les choses qui sont en effet[1]; car il ne veut point la malice du péché, pour ce qu'elle n'est rien[2].

---

1. En effet : en réalité, positif.
2. Afin de décharger Dieu de la responsabilité de l'erreur et du péché, Descartes les considère comme de simples privations. Ils consistent non dans une action positivement mauvaise, mais dans un usage insuffisant de notre liberté. Cf. articles 31 et 37.

V

Articles 24 à 28

RÉVÉLATION ET LUMIÈRE NATURELLE
FINI, INFINI ET INDÉFINI
CAUSES FINALES

24. – Qu'après avoir connu que Dieu est, pour passer à la connaissance des créatures, il se faut souvenir que notre entendement est fini et la puissance de Dieu infinie.

Après avoir ainsi connu que Dieu existe et qu'il est l'auteur de tout ce qui est ou qui peut être, nous suivrons sans doute la meilleure méthode dont on se puisse servir pour découvrir la vérité si, de la connaissance que nous avons de sa nature, nous passons à l'explication des choses qu'il a créées, et si nous essayons de la déduire en telle sorte des notions qui sont naturellement en nos âmes, que nous ayons une science parfaite, c'est-à-dire que nous connaissions les effets par leurs causes. Mais, afin que nous puissions l'entreprendre avec plus
36 de sûreté, nous nous souviendrons toutes | les fois que nous voudrons examiner la nature de quelque chose, que Dieu, qui en est l'auteur, est infini et que nous sommes entièrement finis.

25. – Et qu'il faut croire tout ce que Dieu a révélé, encore qu'il soit au-dessus de la portée de notre esprit.

Tellement que, s'il nous fait la grâce de nous révéler, ou bien à quelques autres, des choses qui surpassent la portée ordinaire de notre esprit, telles que sont les mystères de l'Incarnation et de la Trinité, nous ne ferons point difficulté de les croire, encore que nous ne les entendions peut-être pas bien clairement. Car nous ne devons point trouver étrange qu'il y ait en sa nature, qui est immense, et en ce qu'il a fait, beaucoup de choses qui surpassent la capacité de notre esprit.

26. – Qu'il ne faut point tâcher de comprendre l'infini, mais seulement penser que tout ce en quoi nous ne trouvons aucune borne est indéfini.

Ainsi nous ne nous embarasserons jamais dans les disputes de l'infini ; d'autant qu'il serait ridicule que nous, qui sommes finis, entreprissions d'en déterminer quelque chose et par ce moyen le supposer fini en tâchant de le comprendre. C'est pourquoi nous ne nous soucierons pas de répondre à ceux qui demandent si la moitié d'une ligne infinie est infinie, et si le nombre infini est pair ou non pair, et autres choses semblables, à cause qu'il n'y a que ceux qui s'imaginent que leur esprit est infini, qui semblent devoir examiner telles difficultés. Et pour nous, en voyant des choses dans lesquelles, selon certain sens, nous ne remarquons point de limites, nous n'assurerons pas pour cela qu'elles soient infinies, mais nous les estimerons seulement indéfinies [1]. Ainsi, pour ce que nous ne saurions imaginer une étendue si grande, que nous ne concevions en même temps qu'il y en peut avoir une plus grande, nous dirons que l'étendue des choses possibles est indéfinie. Et pour ce qu'on ne saurait diviser un corps en des parties si petites, que chacune de ces parties ne puisse être divisée en d'autres plus petites, nous penserons que la quantité peut être divisée en des parties dont le nombre est indéfini. Et pour ce que nous ne saurions imaginer tant d'étoiles, que Dieu n'en puisse créer davantage, nous supposerons que leur nombre est indéfini et ainsi du reste.

1. A l'époque de Platon, on ne faisait pas cette distinction entre l'infini et l'indéfini, et les Grecs avaient l'amour du fini, l'indéfinissable était, si l'on peut dire, la bête noire de Platon.

A l'époque de Descartes, et sous l'influence de la métaphysique chrétienne, l'infini avait pris l'allure d'une notion positive et l'on distinguait alors entre infini et indéfini : l'infini est ce qui exclut l'idée de toute limite, tant il est riche, tandis que l'indéfini est simplement ce à quoi nous ne voyons présentement pas de limite. A strictement parler, seul Dieu est infini. Cf. article suivant.

37 |27. – *Quelle différence il y a entre* indéfini *et* infini.

Et nous appellerons ces choses indéfinies plutôt qu'infinies, afin de réserver à Dieu seul le nom d'infini ; tant à cause
que nous ne remarquons point de bornes en ses perfections,
comme aussi à cause que nous sommes très assurés qu'il n'y
en peut avoir. Pour ce qui est des autres choses, nous savons
qu'elles ne sont pas ainsi absolument parfaites, pour ce que,
encore que nous y remarquions quelquefois des propriétés qui
nous semblent n'avoir point de limites, nous ne laissons pas de
connaître que cela procède du défaut de notre entendement, et
non point de leur nature.

28. – *Qu'il ne faut point examiner pour quelle fin Dieu a
fait chaque chose, mais seulement par quel moyen il a voulu
qu'elle fut produite.*

Nous ne nous arrêterons pas aussi à examiner les fins que
Dieu s'est proposé en créant le monde, et nous rejetterons
entièrement de notre philosophie la recherche des causes
finales : car nous ne devons pas tant présumer de nous-mêmes
que de croire que Dieu nous ait voulu faire part de ses conseils ;
mais le considérant comme l'auteur de toutes choses, nous
tâcherons seulement de trouver, par la faculté de raisonner
qu'il a mise en nous, comment celles que nous apercevons par
l'entremise de nos sens ont pu être produites ; et nous serons
assurés, par ceux de ses attributs dont il a voulu que nous ayons
quelque connaissance, que ce que nous aurons une fois aperçu
clairement et distinctement appartenir à la nature de ces
choses, a la perfection d'être vrai [1].

1. Les causes finales ont opposé de tout temps les « mécanistes » et les
« finalistes ». Platon reprochait à Démocrite de ne pas donner la véritable
raison des choses, qui prétendait dire comment les choses se produisent sans
dire pour quoi. Et Leibnitz invoquera Platon pour adresser à Descartes le
même reproche. Selon Leibnitz, on ne peut comprendre la structure des
choses si l'on ne sait pas le rôle des diverses parties, et la considération des

VI

Articles 29 à 47

THÉORIE DE L'ERREUR
LA LIBERTÉ
DÉFINITION DE L'IDÉE CLAIRE ET DISTINCTE

29. – *Que Dieu n'est point la cause de nos erreurs*[1].

Et le premier de ses attributs qui semble devoir être ici considéré, consiste en ce qu'il est très véritable et la source de toute lumière, de sorte qu'il n'est pas possible qu'il nous trompe, c'est-à-dire qu'il soit directement la cause des erreurs auxquelles nous sommes sujets et que nous expérimentons en nous-mêmes. Car, encore que l'adresse à pouvoir tromper semble être une marque de subtilité d'esprit entre les hommes, néanmoins jamais la volonté | de tromper ne procède que de **38** malice, ou de crainte et de faiblesse et par conséquent ne peut être attribuée à Dieu.

30. – *Et que par conséquent tout cela est vrai que nous connaissons clairement être vrai, ce qui nous délivre des doutes ci-dessus proposés.*

D'où il suit que la faculté de connaître qu'il nous a donnée, que nous appelons lumière naturelle, n'aperçoit jamais aucun objet qui ne soit vrai en ce qu'elle aperçoit, c'est-à-dire en ce qu'elle connaît clairement et distinctement[2] : pour ce que nous aurions sujet de croire que Dieu serait trompeur, s'il nous l'avait donnée telle que nous prissions le faux pour le vrai,

causes finales est utile à la découverte des lois de la nature. (Cf. Leibnitz, Discours de Métaphysique, XX à XXII.)

1. Cf. article 5.

2. Voir la définition de l'idée claire et distincte articles 45 et 46. L'expression « claire et distincte » ne doit pas être prise comme un bloc, car une idée peut être claire sans être distincte.

lorsque nous en usons bien. Et cette considération seule nous doit délivrer de ce doute hyperbolique où nous avons été, pendant que nous ne savions pas encore si celui qui nous a créés avait pris plaisir à nous faire tels que nous fussions trompés en toutes les choses qui nous semblent très claires. Elle doit nous servir aussi contre toutes les autres raisons que nous avions de douter et que j'ai alléguées ci-dessus ; mêmes les vérités de mathématique ne nous seront plus suspectes, à cause qu'elles sont très évidentes ; et si nous apercevons quelque chose par nos sens, soit en veillant, soit en dormant [1], pourvu que nous séparions ce qu'il y aura de clair et distinct, en la notion que nous aurons de cette chose, de ce qui sera obscur et confus, nous pourrons facilement nous assurer de ce qui sera vrai. Je ne m'étends pas ici davantage sur ce sujet, pour ce que j'en ai amplement traité dans les Méditations de ma Métaphysique, et ce qui suivra tantôt servira encore à l'expliquer mieux [2].

---

1. On voit que Descartes a réussi à se débarrasser de cette difficulté que constituent les illusions des songes (Cf. article 4). Il est maintenant en possession d'un critère de la vérité, que lui a révélé le Cogito. Ce qui distingue une idée vraie d'une idée fausse est sa clarté et sa distinction, un point c'est tout. Cf. Discours de la Méthode, 4e partie :

« Car enfin, soit que nous veillions, soit que nous dormions, nous ne devons jamais nous laisser prendre qu'à l'évidence de notre raison ».

« Les rêveries que nous imaginons endormis ne doivent aucunement nous faire douter de la vérité des pensées que nous avons étant éveillés. Car s'il arrivait même en dormant qu'on eût quelque idée fort distincte, par exemple, qu'un géomètre inventât quelque nouvelle démonstration, son sommeil ne l'empêcherait pas d'être vraie ».

2. On peut résumer ainsi la démarche de Descartes pour atteindre le critère définitif de la vérité :

1) Je ne puis croire qu'à ce que je conçois clairement et distinctement.

2) Mais ce qui me paraît clair et distinct, suis-je réellement fondé à le considérer comme vrai ?

3) Oui, si je suis la créature d'un Dieu parfait, qui ne veuille pas me tromper. Dès lors la seule difficulté est d'être suffisamment attentif pour

31. – *Que nos erreurs, au regard de Dieu, ne sont que des négations, mais, au regard de nous, sont des privations ou des défauts* [1].

Mais pour ce qu'il arrive que nous nous méprenons souvent, quoique Dieu ne soit pas trompeur, si nous désirons rechercher la cause de nos erreurs et en découvrir la source, afin de les corriger, il faut que nous prenions garde qu'elles ne dépendent pas tant de notre entendement comme de notre volonté, et qu'elles ne sont pas des choses ou substances qui aient besoin du concours actuel de Dieu pour être produites : en sorte qu'elles ne sont, à son égard, | que des négations, c'est- **39** à-dire qu'il ne nous a pas donné tout ce qu'il pouvait nous donner et que nous voyons par même moyen qu'il n'était point tenu de nous donner ; au lieu qu'à notre égard elles sont des défauts et des imperfections.

32. – *Qu'il n'y a en nous que deux sortes de pensée, à savoir la perception de l'entendement et l'action de la volonté.*

Car toutes les façons de penser que nous remarquons en nous peuvent être rapportées à deux générales, dont l'une consiste à apercevoir par l'entendement et l'autre à se déterminer par la volonté. Ainsi sentir, imaginer, et même concevoir des choses purement intelligibles, ne sont que des façons différentes d'apercevoir ; mais désirer, avoir de l'aversion, assurer, nier, douter, sont des façons différentes de vouloir.

33. – *Que nous ne nous trompons que lorsque nous jugeons de quelque chose qui ne nous est pas assez connue.*

Lorsque nous apercevons quelque chose, nous ne sommes point en danger de nous méprendre, si nous n'en jugeons en

bien distingner les idées claires de celles qui ne le sont pas. C'est pouquoi Descartes lutte tant contre les « préjugés ». Cf article 47.

1. Une négation est une absence pure et simple. Une privation est l'absence chez un être d'une qualité que sa nature semblerait comporter. Mais cette distinction ne vaut que du point de vue humain ; à vrai dire, Dieu seul est juge de ce qu'une créature doit comporter ou non.

aucune façon ; et quand même nous en jugerions, pourvu que nous ne donnions notre consentement qu'à ce que nous connaissons clairement et distinctement devoir être compris en ce dont nous jugeons, nous ne saurions non plus faillir ; mais ce qui fait que nous nous trompons ordinairement, est que nous jugeons bien souvent encore que nous n'avons pas une connaissance bien exacte de ce dont nous jugeons.

34. – *Que la volonté, aussi bien que l'entendement, est requise pour juger.*

J'avoue que nous ne saurions juger de rien, si notre entendement n'y intervient, pour ce qu'il n'y a pas d'apparence que notre volonté se détermine sur ce que notre entendement n'aperçoit en aucune façon ; mais comme la volonté est absolument nécessaire, afin que nous donnions notre consentement[1] à ce que nous avons aucunement aperçu, et qu'il n'est pas nécessaire, pour faire un jugement tel quel, que nous ayons une connaissance entière et parfaite, de là vient que bien souvent nous donnons notre consentement à des choses dont nous n'avons jamais eu qu'une connaissance fort confuse.

---

1. Selon Descartes, l'opération du jugement relève de deux fonctions : l'entendement, qui conçoit l'énoncé du jugement, et la volonté, qui affirme ou qui nie cet énoncé. Cette théorie dualiste permet de rendre compte à la fois de la possibilité de l'erreur (article 35) et de la possibilité du doute méthodique, dans lequel la volonté suspend délibérément sa décision devant tout ce que l'entendement lui a présenté jusqu'ici. Mais lorsqu'on veut préciser cette théorie il se pose des problèmes théoriques difficiles à résoudre, et c'est pourqnoi Spinoza ne la retiendra pas. Pour lui, la volonté n'intervient en rien dans le jugement ; les idées s'affirment d'elles-mêmes dans l'entendement à proportion de leur clarté. D'ailleurs, pour Spinoza, entendement et volonté ne sont que des termes abstraits, et il n'existe en réalité que des idées et des volitions.

|35. – *Qu'elle a plus d'étendue que lui et que de la viennent* **40** *nos erreurs.*

De plus, l'entendement ne s'étend qu'à ce peu d'objets qui se présentent à lui, et sa connaissance est toujours fort limitée : au lieu que la volonté en quelque sens peut sembler infinie, pour ce que nous n'apercevons rien qui puisse être l'objet de quelque autre volonté, même de cette immense qui est en Dieu, à quoi la nôtre ne puisse aussi s'étendre : ce qui est cause que nous la portons ordinairement au-delà de ce que nous connaissons clairement et distinctement. Et lorsque nous en abusons de la sorte, ce n'est pas merveille s'il nous arrive de nous méprendre.

36. – *Lesquelles ne peuvent être imputées à Dieu.*

Or, quoique Dieu ne nous ait pas donné un entendement tout connaissant, nous ne devons pas croire pour cela qu'il soit l'auteur de nos erreurs, pour ce que tout entendement créé est fini, et qu'il est de la nature de l'entendement fini de n'être pas tout connaissant.

37. – *Que la principale perfection de l'homme est d'avoir un libre arbitre, et que c'est ce qui le rend digne de louange ou de blâme.*

Au contraire, la volonté étant de sa nature très étendue, ce nous est un avantage très grand de pouvoir agir par son moyen, c'est-à-dire librement; en sorte que nous soyons tellement les maîtres de nos actions que nous sommes dignes de louange lorsque nous les conduisons bien. Car, tout ainsi qu'on ne donne point aux machines qu'on voit se mouvoir en plusieurs façons diverses, aussi justement qu'on saurait désirer, des louanges qui se rapportent véritablement à elles, pour ce que ces machines ne représentent aucune action qu'elles ne doivent faire par le moyen de leurs ressorts, et qu'on en donne à l'ouvrier qui les a faites, pour ce qu'il a eu le pouvoir et la volonté de les composer avec tant d'artifice : de même, on doit nous attribuer quelque chose de plus, de ce que nous choisissons ce qui est vrai, lorsque nous le distinguons d'avec le faux par une détermination de notre volonté, que si nous y étions déterminés et contraints par un principe étranger[1].

41 |38. – *Que nos erreurs sont des défauts de notre façon d'agir, mais non point de notre nature; et que les fautes des sujets peuvent souvent être attribuées aux autres maîtres, mais non point à Dieu.*

Il est bien vrai que, toutes les fois que nous faillons, il y a du défaut en notre façon d'agir ou en l'usage de notre liberté; mais il n'y a point pour cela de défaut en notre nature, à cause qu'elle est toujours la même, quoique nos jugements soient vrais ou faux. Et quand Dieu aurait pu nous donner une connaissance si grande que nous n'eussions jamais été sujet à faillir, nous n'avons aucun droit pour cela de nous plaindre de lui. Car, encore que, parmi nous, celui qui a pu empêcher un mal et ne l'a pas empêché, en soit blâmé et jugé comme coupable, il n'en est pas de même à l'égard de Dieu : d'autant que le pouvoir que les hommes ont les uns sur les autres est institué afin qu'ils empêchent de mal faire ceux qui leur sont inférieurs, et que la toute puissance que Dieu a sur l'univers est très absolue et très libre. C'est pourquoi nous devons le

1. Rappelons que Descartes s'était proposé de montrer que Dieu n'est pas la cause directe de nos erreurs (article 29) et voyons comment il a procédé :

1) La connaissance claire et distincte, en ce qu'elle aperçoit, est toujours vraie. Mais ce qu'elle aperçoit est limité.

2) La volonté, au contraire de l'entendement, est infinie, et elle affirme parfois plus que l'entendement ne conçoit. C'est en cette disproportion que réside la possibilité de l'erreur.

3) Mais si nous n'avions pas la possibilité de faire ainsi mauvais usage de notre volonté, nous n'aurions aucun mérite à en faire bon usage, quand nous le faisons. Ainsi la possibilité de l'erreur est le signe de la liberté que Dieu nous a laissée afin que nous fussions capables de mérite. Nous aurions donc mauvaise grâce à nous plaindre.

remercier des biens qu'il nous a faits, et non point nous plaindre de ce qu'il ne nous a pas avantagé de ceux que nous connaissons qui nous manquent, et qu'il aurait peut-être pu nous départir.

39. – *Que la liberté de notre volonté se connaît sans preuve, par la seule expérience que nous en avons.*

Au reste, il est si évident que nous avons une volonté libre, qui peut donner son consentement ou ne le pas donner, quand bon lui semble, que cela peut être compté pour une de nos plus communes notions. Nous en avons eu ci-devant une preuve bien claire; car, au même temps que nous doutions de tout, et que nous supposions même que celui qui nous a créés employait son pouvoir à nous tromper en toutes façons, nous apercevions en nous une liberté si grande que nous pouvions nous empêcher de croire ce que nous ne connaissions pas encore parfaitement bien[1]. Or ce que nous apercevions distinctement, et dont nous ne pouvions douter, pendant une suspension si générale, est aussi certain qu'aucune autre chose que nous puissions jamais connaître.

|40. – *Que nous savons aussi très certainement que Dieu a* **42** *préordonné toutes choses.*

Mais, à cause que ce que nous avons depuis connu de Dieu nous assure que sa puissance est si grande, que nous ferions un crime de penser que nous eussions jamais été capable de faire aucune chose qu'il ne l'eût auparavant ordonnée, nous pourrions aisément nous embarasser en des difficultés très grandes, si nous entreprenions d'accorder la liberté de notre volonté avec ses ordonnances, et si nous tâchions de comprendre, c'est-à-dire d'embrasser et comme limiter avec notre entendement toute l'étendue de notre libre arbitre et l'ordre de la Providence éternelle.

---

1. Cf. arlicle 6

41. – Comment on peut accorder notre libre arbitre avec la préordination divine.

Au lieu que nous n'aurons point du tout de peine à nous en délivrer, si nous remarquons que notre pensée est finie et que la toute puissance de Dieu, par laquelle il a non seulement connu de toute éternité ce qui est ou qui peut être, mais il l'a aussi voulu, est infinie. Ce qui fait que nous avons bien assez d'intelligence pour connaître clairement et distinctement que cette puissance est en Dieu, mais que nous n'en avons pas assez pour comprendre tellement son étendue que nous puissions savoir comment elle laisse les actions des hommes entièrement libres et indéterminées ; et que, d'autre côté, nous sommes aussi tellement assurés de la liberté et de l'indifférence qui est en nous, qu'il n'y a rien que nous connaissions plus clairement : de façon que la toute puissance de Dieu ne nous doit point empêcher de la croire. Car nous aurions tort de douter de ce que nous apercevons intérieurement et que nous savons par expérience être en nous, pour ce que nous ne comprenons pas une autre chose que nous savons être incompréhensible de sa nature.

42. – Comment, encore que nous ne veuillons jamais faillir, c'est néanmoins par notre volonté que nous faillons.

Mais, pour ce que nous savons que l'erreur dépend de notre volonté, et que personne n'a la volonté de se tromper, on s'étonnera peut-être qu'il y ait de l'erreur en nos jugements. Mais il faut remarquer qu'il y a bien de la différence entre **43** vouloir être trompé | et vouloir donner son consentement à des opinions qui sont cause que nous nous trompons quelquefois. Car, encore qu'il n'y ait personne qui veuille expressément se méprendre, il ne s'en trouve presque pas un qui ne veuille donner son consentement à des choses qu'il ne connaît pas distinctement. Et même il arrive souvent que c'est le désir de connaître la vérité qui fait que ceux qui ne savent pas l'ordre [1] qu'il faut tenir pour la rechercher, manquent de la trouver et se trompent, à cause qu'il les incite à précipiter leurs jugements et à prendre des choses pour vraies, desquelles ils n'ont pas assez de connaissance [2].

43. – *Que nous ne saurions faillir en ne jugeant que des choses que nous apercevons clairement et distinctement.*

Mais il est certain que nous ne prendrons jamais le faux pour le vrai, tant que nous ne jugerons que de ce que nous apercevons clairement et distinctement; parce que Dieu n'étant point trompeur, la faculté de connaître qu'il nous a donnée ne saurait faillir, ni même la faculté de vouloir, lorsque nous ne l'étendons point au delà de ce que nous connaissons [3]. Et quand même cette vérité n'aurait pas été démontrée, nous sommes naturellement si enclins à donner notre consentement aux choses que nous apercevons manifestement, que nous n'en saurions douter pendant que nous les apercevons de la sorte.

1. Que le désir même de connaître la vérité risque de nous jeter dans l'erreur, montre que la bonne volonté ne suffit pas, et quelle est l'impotance de la *méthode*.

2. On pourrait raprocher ce passage du Mythe de l'attelage ailé chez Platon; c'est l'empressement même des âmes à contempler les vérités éternelles qui a causé leur chute de la voûte céleste. (Cf. Platon, *Phèdre*, 246).

3. Si l'on met à part les préoccupations métaphysiques et théologiques qui ont en partie inspiré à Descartes sa théorie de l'erreur, et que l'on en considère l'aspect pratique, on peut dire que Descartes met surtout l'accent sur l'attention et la méthode. Dire que Dieu ne nous trompe pas, c'est dire que l'esprit humain n'est pas vicié à la base, et qu'il peut atteindre peu à peu la vérité, pourvu qu'il ne se dispense jamais d'être attentif et qu'il procède avec ordre.

44. – *Que nous ne saurions que mal juger de ce que nous n'apercevons pas clairement, bien que notre jugement puisse être vrai, et que c'est souvent notre mémoire qui nous trompe.*

Il est aussi très certain que, toutes les fois que nous approuvons quelque raison dont nous n'avons pas une connaissance bien exacte, ou nous nous trompons, ou, si nous trouvons la vérité, comme ce n'est que par hasard, nous ne saurions être assurés de l'avoir rencontrée et ne saurions savoir certainement que nous ne nous trompons point. J'avoue qu'il arrive rarement que nous jugions d'une chose en même temps que nous remarquons que nous ne la connaissons pas assez distinctement ; à cause que la raison naturellement nous dicte que nous ne devons jamais juger de rien, que de ce que nous connaisons distinctement auparavant que de juger. Mais nous nous trompons souvent, pour ce que nous présumons avoir **44** autrefois connu plusieurs choses, et que, tout aussitôt qu'il | nous en souvient, nous y donnons notre consentement, de même que si nous les avions suffisamment examinées, bien qu'en effet nous n'en ayons jamais eu une connaissance bien exacte.

45. – *Ce que c'est qu'une perception claire et distincte.*

Il y a même des personnes qui, en toute leur vie, n'aperçoivent rien comme il faut pour en bien juger. Car la connaissance sur laquelle on veut établir un jugement indubitable, doit être non seulement claire, mais aussi distincte. J'appelle claire celle qui est présente et manifeste à un esprit attentif : de même que nous disons voir clairement les objets, lors qu'étant présents ils agissent assez fort, et que nos yeux sont disposés à les regarder. Et distincte, celle qui est tellement précise et différente de toutes les autres, qu'elle ne comprend en soi que ce qui paraît manifestement à celui qui la considère comme il faut.

46. – *Qu'elle peut être claire sans être distlncte, mais non au contraire.*

Par exemple, lorsque quelqu'un sent une douleur cuisante, la connaissance qu'il a de cette douleur est claire à son égard, et n'est pas pour cela toujours distincte, pour ce qu'il la confond ordinairement avec le faux jugement qu'il fait sur la nature de ce qu'il pense être en la partie blessée, qu'il croit être semblable à l'idée ou au sentiment de la douleur qui est en sa pensée, encore qu'il n'aperçoive rien clairement que le sentiment ou la pensée confuse qui est en lui. Ainsi la connaissance peut être claire sans être distincte et ne peut être distincte qu'elle ne soit claire par même moyen

47. – *Que, pour ôter les préjugés de notre enfance, il faut considérer ce qu'il y a de clair en chacune de nos premières notions.*

Or, pendant nos premières années, notre âme ou notre pensée était si fort offusquée du corps, qu'elle ne connaissait rien distinctement, bien qu'elle aperçut plusieurs choses assez clairement; et pour ce qu'elle ne laissait pas de faire cependant une réflexion telle quelle sur les choses qui se présentaient, nous avons rempli notre mémoire de beaucoup de prejugés, dont nous n'entreprenons presque jamais de nous délivrer, encore qu'il soit très certain que nous ne | saurions autrement **45** les bien examiner. Mais afin que nous le puissions maintenant sans beaucoup de peine, je ferai ici un dénombrement de toutes les notions simples qui composent nos pensées, et séparerai ce qu'il y a de clair en chacune d'elles, et ce qu'il y a d'obscur ou en quoi nous pouvons faillir.

VII

Articles 48 à 70

CLASSIFICATION DE TOUTES LES FORMES DE LA PENSÉE

48. – *Que tout ce dont nous avons quelque notion est considéré comme une chose ou comme une vérité : et le dénombrement des choses.*

Je distingue tout ce qui tombe sous notre connaissance en deux genres : le premier contient toutes les choses qui ont quelque existence ; et l'autre, toutes les vérités qui ne sont rien hors de notre pensée. Touchant les choses, nous avons premièrement certaines notions générales qui se peuvent rapporter à toutes : à savoir celles que nous avons de la substance, de la durée, de l'ordre et du nombre et peut-être aussi quelques autres. Puis nous en avons aussi de plus particulières, qui servent à les distinguer. Et la principale distinction que je remarque entre toutes les choses créées est que les unes sont intellectuelles, c'est-à-dire sont des substances intelligentes, ou bien des propriétés qui appartiennent à ces substances ; et les autres sont corporelles, c'est-à-dire sont des corps ou bien des propriétés qui appartiennent au corps. Ainsi l'entendement, la volonté, et toutes les façons de connaître et de vouloir, appartiennent à la substance qui pense ; la grandeur, ou l'étendue en longueur, largeur et profondeur, la figure, le mouvement, la situation des parties et la disposition qu'elles ont à être divisées, et telles autres propriétés, se rapportent au corps. Il y a encore, outre cela, certaines choses que nous expérimentons en nous-même, qui ne doivent point être attribuées à l'âme seule, ni aussi au corps seul, mais à l'étroite union qui est entre eux, ainsi que j'expliquerai ci-après : tels sont les appétits de boire, de manger et les émotions ou les passions de l'âme, qui ne dépendent pas de la pensée seule, comme l'émotion à la colère, à la joie, à la tristesse, à l'amour, etc.; tels sont tous les sentiments, comme la lumière, les couleurs, les sons, les odeurs, le goût, la chaleur, la dureté et toutes les autres qualités qui ne tombent que sous le sens de l'attouchement.

|49. – *Que les vérités ne peuvent ainsi être dénombrées, et* **46** *qu'il n'en est pas besoin.*

Jusqu'ici j'ai dénombré tout ce que nous connaissons comme des choses; il reste à parler de ce que nous connaissons comme des vérités. Par exemple, lorsque nous pensons qu'on ne saurait faire quelque chose de rien, nous ne croyons point que cette proposition soit une chose qui existe ou la propriété de quelque chose, mais nous la prenons pour une certaine vérité éternelle qui a son siège en notre pensée et que l'on nomme une notion commune ou une maxime. Tout de même, quand on dit qu'il est impossible qu'une même chose en même temps soit et ne soit pas, que ce qui a été fait ne peut n'être pas fait, que celui qui pense ne peut manquer d'être ou d'exister pendant qu'il pense, et quantité d'autres semblables, ce sont seulement des vérités, et non pas des choses qui soient hors de notre pensée, et il y en a si grand nombre de telles qu'il serait malaisé de les dénombrer. Mais aussi n'est-il pas nécessaire, pour ce que nous ne saurions manquer de les savoir, lorsque l'occasion se présente de penser à elles, et que nous n'avons point de préjugés qui nous aveuglent[1].

1. Descartes se refuse à dresser la liste de ces vérités, pour deux raisons :

1) Puisque le critère de la vérité consiste simplement dans l'évidence, il n'y a pas à craindre qu'une vérité se dérobe à nous; il nous suffira d'être attentifs et méthodiques pour qu'à propos de chaque problème se révèlent à nous les principes nécessaires à sa solution. Inutile de s'encombrer de formules d'avance.

2) Descartes est justement ennemi des formules figées comme celles des scolastiques. Faire une liste des principales vérités serait les rendre mortes, en faire une sorte de Credo. Or, pour qu'une idée soit féconde, il faut qu'elle soit pensée avec ardeur, qu'elle soit chaque fois comme

50. – *Que toutes ces vérités peuvent être clairement aperçues, mais non pas de tous, à cause des préjugés.*

Pour ce qui est des vérités qu'on nomme des notions communes, il est certain qu'elles peuvent être connues de plusieurs très clairement et très distinctement, car autrement elles ne mériteraient pas d'avoir ce nom ; mais il est vrai aussi qu'il y en a qui le méritent au regard de quelques personnes, qui ne le méritent point au regard des autres, à cause qu'elles ne leur sont pas assez évidentes : non pas que je crois que la faculté de connaître qui est en quelques hommes s'étende plus loin que celle qui est communément en tous ; mais c'est plutôt qu'il y en a lesquels ont imprimé de longue main des opinions en leur créance, qui, étant contraires à quelques unes de ces vérités, empêchent qu'ils ne les puissent apercevoir, bien qu'elles soient fort manifestes à ceux qui ne sont point ainsi préoccupés.

51. – *Ce que c'est que la substance, et que c'est un nom qu'on ne peut attribuer à Dieu et aux créatures en même sens.*

Pour ce qui est des choses que nous considérons comme
47 ayant | quelque existence, il est besoin que nous les examinions ici l'une après l'autre, afin de distinguer ce qui est obscur d'avec ce qui est évident en la notion que nous avons de chacune[1].

---

redécouverte. Descartes se défie des idées toutes faites, quand même elles sont vraies. Ce que l'on apprend d'autrui est stérile, seul est fécond ce que l'on est capable de penser par soi-même.

1. Descartes va dans cet article attirer l'attention sur l'obscurité de la notion de substance afin de donner accès à sa conception personnelle de la substance qui va être exposée dans les articles 52 et 53.

La philosophie scolastique distingue entre la substance et les attributs, ou qualités ; les attributs ou qualités ne peuvent exister sans la substance, tandis que la substance « subsiste » par elle-même. Descartes admet, en théorie, cette distinction, mais il estime qu'en pratique elle est de peu de valeur pour la connaissance. L'article 52 pourrait presque se résumer en la question suivante : que serait une substance dont nous ne connaîtrions

Lorsque nous concevons la substance, nous concevons seulement une chose qui existe en telle façon qu'elle n'a besoin que de soi-même pour exister. En quoi il peut y avoir de l'obscurité touchant l'explication de ce mot : n'avoir besoin que de soi-même ; car, à proprement parler, il n'y a que Dieu qui soit tel et il n'y a aucune chose créée qui puisse exister un seul moment sans être soutenue et conservée par sa puissance. C'est pourquoi on a raison dans l'École de dire que le nom de substance n'est pas « univoque » au regard de Dieu et des créatures, c'est-à-dire qu'il n'y a aucune signification de ce mot que nous concevions distinctement, laquelle convienne, à lui et à elles ; mais pour ce qu'entre les choses créées quelques unes sont de telle nature qu'elles ne peuvent exister sans quelques autres, nous les distinguons d'avec celles qui n'ont

aucune propriété ? A vrai dire, une telle substance serait pour nous comme si elle n'existait pas. On voit ici que Descartes est soucieux avant tout d'utiliser des idées qui fassent *avancer* la connaisance, et non seulement des idées théoriquement valables. Théoriquement, la substance ne dépend pas de ses attributs, mais, pratiquement notre *connaissance* d'une substance dépend de la connaissance de ses attributs, ses propriétés : ce sont ces propriétés même qui révèlent l'existence de la substance.

Enfin, dans l'article 53, Descartes précise sa conception personnelle de la substance : la théorie de *l'attribut essentiel*. Parmi les attributs de la substance, il s'agit de dégager le plus important, c'est-à-dire celui dont la connaissance commande la connaissance des autres, et celui-là suffira à caractériser la substance elle-même, puisqu'encore une fois, nous ne pouvons connaître la substance que par ses propriétés. Ainsi l'étendue suffira à caractériser la substance matérielle et la pensée à caractériser la substance appelée âme. Par cette adoption de l'attribut essentiel, Descartes, tout en conservant théoriquement la notion de substance, en élimine ce qu'elle contenait d'obscur. Nous ne retenons plus de la substance que ce qui se *manifeste à notre conscience*. Nous saisissons directement en nous le fait de la pensée, dans l'expérience du « Cogito » : point n'est besoin d'y ajouter une conception plus ou moins mystérieuse de l'âme ; nous dirons que l'attribut essentiel de l'âme est la pensée, ou en bref, que l'âme *consiste à penser*. Il n'y a entre la substance « âme », et son attribut essentiel, la pensée, qu'une « distinction de raison ».

besoin que du concours ordinaire de Dieu[1], en nommant celles-ci des substances, et celles-là des quantités ou des attributs de ces substances.

52. – Qu'il peut être attribué à l'âme et au corps en même sens, et comment on connaît la substance.

Et la notion que nous avons ainsi de la substance créée, se rapporte en même façon à toutes, c'est-à-dire à celles qui sont immatérielles comme à celles qui sont matérielles ou corporelles, car il faut seulement, pour entendre que ce sont des substances, que nous apercevions qu'elles peuvent exister sans l'aide d'aucune chose créée. Mais lorsqu'il est question de savoir si quelqu'une de ces substances existe véritablement, c'est-à-dire si elle est à présent dans le monde, ce n'est pas assez qu'elle existe en cette façon pour faire que nous l'apercevions ; car cela seul ne nous découvre rien qui excite quelque connaissance particulière en notre pensée. Il faut, outre cela, qu'elle ait quelques attributs que nous puissions remarquer ; et il n'y en a aucun qui ne suffise pour cet effet, à cause que l'une de nos notions communes est que le néant ne peut avoir aucun attribut, ni propriété ou qualité : c'est pourquoi, lorsqu'on en rencontre quelqu'un, on a raison de conclure qu'il est l'attribut de quelque substance, et que cette substance existe.

48 |*53. – Que chaque substance a un attribut principal, et que celui de l'âme est la pensée, comme l'extension est celui du corps.*

Mais, encore que chaque attribut soit suffisant pour faire connaître la substance, il y en a toutefois un en chacune, qui constitue sa nature et son essence, et de qui tous les autres dépendent. A savoir l'étendue en longueur, largeur et profon-

---

1. En termes scolastiques, on appelle concours ordinaire l'action par laquelle Dieu conserve le monde selon ses lois ; par opposition, le conconrs extraordinaire désigne les interventions exceptionnelles, les miracles, qui constituent une dérogation à l'ordre normal de la nature.

deur, constitue la nature de la substance corporelle ; et la pensée constitue la nature de la substance qui pense. Car tout ce que d'ailleurs on peut attribuer au corps, présuppose de l'étendue et n'est qu'une dépendance de ce qui est étendu [1] ; de même, toutes les propriétés que nous trouvons en la chose qui pense, ne sont que des façons différentes de penser. Ainsi nous ne saurions concevoir par exemple, de figure, si ce n'est en une chose étendue, ni de mouvement, qu'en un espace qui est étendu ; ainsi l'imagination, le sentiment et la volonté dépendent tellement d'une chose qui pense, que nous ne les pouvons concevoir sans elle. Mais, au contraire, nous pouvons concevoir l'étendue sans figure ou sans mouvement, et la chose qui pense sans imagination ou sans sentiment et ainsi du reste.

54. – *Comment nous pouvons avoir des pensées distinctes de la substance qui pense, de celle qui est corporelle, et de Dieu.*

Nous pouvons donc avoir deux notions ou idées claires et distinctes, l'une d'une substance créée qui pense, et l'autre d'une substance étendue, pourvu que nous séparions soigneusement tous les attributs de la pensée d'avec les attributs de l'étendue. Nous pouvons avoir aussi une idée claire et distincte d'une substance incréée qui pense et qui est indépendante, c'est-à-dire d'un Dieu, pourvu que nous ne pensions pas que cette idée nous représente tout ce qui est en lui, et que nous n'y mêlions rien par une fiction de notre entendement ; mais que nous prenions garde seulement à ce qui est compris véritablement en la notion distincte que nous avons de lui et que nous savons appartenir à la nature d'un Être tout parfait. Car il n'y a personne qui puisse nier qu'une telle idée de Dieu soit en nous,

1. Cf. la célèbre analyse du morceau de cire dans la 2e Méditation. Descartes prend un morceau de cire, en énumère toutes les qualités sensibles, et montre que seule la notion d'étendue peut nous donner de la cire (comme de tout autre substance matérielle) une connaissance claire et stable.

s'il ne veut croire sans raison que l'entendement humain ne saurait avoir aucune connaissance de la Divinité.

49 |55. – *Comment nous en pouvons aussi avoir de la durée, de l'ordre et du nombre.*

Nous concevons aussi très distinctement ce que c'est que la durée, l'ordre et le nombre, si, au lieu de mêler dans l'idée que nous en avons ce qui appartient proprement à l'idée de la substance, nous pensons seulement que la durée de chaque chose est un mode ou une façon dont nous considérons cette chose en tant qu'elle continue d'être ; et que pareillement, l'ordre et le nombre ne diffèrent pas en effet des choses ordonnées et nombrées, mais qu'ils sont seulement des façons sous lesquelles nous considérons diversement ces choses.

56. – *Ce que c'est que qualité, et attribut, et façon ou mode.*

Lorsque je dis ici façon ou mode, je n'entends rien que ce que je nomme ailleurs attribut ou qualité. Mais lorsque je considère que la substance en est autrement disposée ou diversifiée, je me sers particulièrement du nom de mode ou façon ; et lorsque de cette disposition ou changement, elle peut être appelée telle, je nomme qualités les diverses façons qui font qu'elle est ainsi nommée ; enfin, lorsque je pense plus généralement que ces modes ou qualités sont en la substance, sans les considérer autrement que comme les dépendances de cette substance, je les nomme attributs. Et pour ce que je ne dois concevoir en Dieu aucune variété ni changement, je ne dis pas qu'il y ait en lui des modes ou des qualités, mais plutôt des attributs ; et même dans les choses créées, ce qui se trouve en elles toujours de même sorte, comme l'existence et la durée en la chose qui existe et qui dure, je le nomme attribut et non pas mode ou qualité.

57. – *Qu'il y a des attributs qui appartiennent aux choses auxquelles ils sont attribués, et d'autres qui dépendent de notre pensée.*

De ces qualités ou attributs, il y en a quelques uns qui sont dans les choses mêmes et d'autres qui ne sont qu'en notre pensée. Ainsi le temps, par exemple, que nous distinguons de la durée prise en général, et que nous disons être le nombre du mouvement, n'est rien qu'une certaine façon dont nous pensons à cette durée, pour ce que nous ne concevons point que la durée des choses qui | sont mues soit autre que celle des **50** choses qui ne le sont point : comme il est évident de ce que, si deux corps sont mus pendant une heure, l'un vite et l'autre lentement, nous ne comptons pas plus de temps en l'un qu'en l'autre, encore que nous supposions plus de mouvement en l'un de ces deux corps. Mais, afin de comprendre la durée de toutes les choses sous une même mesure, nous nous servons ordinairement de la durée de certains mouvements réguliers qui sont les jours et les années, et la nommons temps, après l'avoir ainsi comparée ; bien qu'en effet ce que nous nommons ainsi ne soit rien, hors de la véritable durée des choses, qu'une façon de penser.

58. – *Que les nombres et les universaux dépendent de notre pensée.*

De même le nombre que nous considérons en général, sans faire réflexion sur aucune autre chose créée, n'est point, hors de notre pensée, non plus que toutes ces autres idées générales, que dans l'école on comprend sous le nom d'universaux [1].

59. – *Quels sont les universaux.*

Qui se font de cela seul que nous nous servons d'une même idée pour penser à plusieurs choses particulières qui ont entre

1. Cf. la fameuse « Querelle des Universaux » au Moyen-Âge. Les universaux (c'est-à-dire les idées générales) existent-ils ou non en dehors de notre esprit ?

elles un certain rapport. Et lorsque nous comprenons sous un même nom les choses qui sont représentées par cette idée, ce nom aussi est universel. Par exemple, quand nous voyons deux pierres, et que, sans penser autrement à ce qui est de leur nature, nous remarquons seulement qu'il y en a deux, nous formons en nous l'idée d'un certain nombre que nous nommons le nombre de deux. Si, voyant ensuite deux oiseaux ou deux arbres, nous remarquons, sans penser aussi à ce qui est de leur nature, qu'il y en a deux, nous reprenons par ce moyen la même idée que nous avions auparavant formée, et la rendons universelle, et le nombre aussi que nous nommons d'un nom universel, le nombre de deux. De même, lorsque nous considérons une figure de trois côtés, nous formons une certaine idée, que nous nommons l'idée du triangle, et nous en servons ensuite à nous représenter généralement toutes les figures qui n'ont que trois côtés. Mais quand nous remarquons plus particulièrement que, des figures de trois côtés, les unes ont un angle droit et que les autres n'en ont point, nous formons en nous une idée universelle du triangle rectangle, qui, étant rapportée à la précédente qui est générale et plus universelle, **51** peut être nommé espèce ; et l'angle | droit, la différence universelle par où les triangles-rectangles diffèrent de tous les autres. De plus, si nous remarquons que le carré du côté qui sous-tend l'angle droit est égal au carré des deux autres côtés, et que cette propriété convient seulement à cette espèce de triangles, nous la pourrons nommer propriété universelle des triangles-rectangles. Enfin si nous supposons que, de ces triangles, les uns se meuvent et que les autres ne se meuvent point, nous prendrons cela pour un accident universel en ces triangles. Et c'est ainsi qu'on compte ordinairement cinq universaux, à savoir le genre, l'espèce, la différence, le propre, et l'accident[1].

1. Descartes ne fait que peu d'usage de tous ces termes de l'École dans sa propre philosophie.

60. – *Des distinctions, et premièrement de celle qui est réelle.*

Pour ce qui est du nombre que nous remarquons dans les choses mêmes, il vient de la distinction qui est entre elles : et il y a des distinctions de trois sortes, à savoir, réelle, modale, et de raison, ou bien qui se fait de la pensée. La réelle se trouve proprement entre deux ou plusieurs substances. Car nous pouvons conclure que deux substances sont réellement distinctes l'une de l'autre, de cela seul que nous en pouvons concevoir une clairement et distinctement sans penser à l'autre ; pour ce que, suivant ce que nous connaissons de Dieu, nous sommes assurés qu'il peut faire tout ce dont nous avons une idée claire et distincte. C'est pourquoi, de ce que nous avons maintenant l'idée, par exemple d'une substance étendue ou corporelle, bien que nous ne sachions pas encore certainement si une telle chose est à présent dans le monde, néanmoins, pour ce que nous en avons l'idée, nous pouvons conclure qu'elle peut être ; et qu'en cas qu'elle existe, quelque partie que nous puissions déterminer de la pensée, doit être distincte réellement de ses autres parties. De même, pour ce qu'un chacun de nous aperçoit en soi qu'il pense, et qu'il peut en pensant exclure de soi ou de son âme toute autre substance ou qui pense ou qui est étendue, nous pouvons conclure aussi qu'un chacun de nous ainsi considéré est réellement distinct de toute autre substance qui pense, et de toute substance corporelle. Et quand Dieu même joindrait si étroitement un corps à une âme, qu'il fût impossible de les unir davantage, et ferait un composé de ces deux substances ainsi unies, nous concevons aussi qu'elles demeureraient toutes deux réellement distinctes, nonobstant cette union ; pour ce que, quelque liaison que Dieu ait mis entre elles, | il n'a pu se défaire de la puissance qu'il **52** avait de les séparer, ou bien de les conserver l'une sans l'autre, et que les choses que Dieu peut séparer, ou conserver séparément les unes des autres, sont réellement distinctes [1].

61. – *De la distinction modale.*

Il y a deux sortes de distinction modale, à savoir l'une entre le mode que nous avons appelé façon, et la substance dont il dépend et qu'il diversifie, et l'autre entre deux différentes façons d'une même substance. La première est remarquable en ce que nous pouvons apercevoir clairement la substance sans la façon qui diffère d'elle en cette sorte ; mais que, réciproquement, nous ne pouvons avoir une idée distincte d'une telle façon, sans penser à une telle substance. Il y a, par exemple, une distinction modale entre la figure ou le mouvement, et la substance corporelle dont ils dépendent tous deux ; il y en a aussi entre assurer ou se ressouvenir, et la chose qui pense. Pour l'autre sorte de distinction, qui est entre deux différentes façons d'une même substance, elle est remarquable en ce que nous pouvons connaître l'une de ces façons sans l'autre, comme la figure sans le mouvement et le mouvement sans la figure ; mais que nous ne pouvons penser distinctement ni à l'une ni à l'autre, que nous ne sachions qu'elles dépendent toutes deux d'une même substance. Par exemple, si une pierre est mue et avec cela carrée, nous pouvons connaître sa figure carrée sans savoir qu'elle soit mue ; et réciproquement, nous

1. Toute l'importance de cet article réside dans la distinction *réelle* de l'âme et du corps. Cette distinction réelle est la première chose à établir afin de pouvoir prouver l'immortalité de l'âme : il faut que l'âme et le corps soient deux substances de natures différentes pour que la dissolution du corps n'entraîne pas nécessairement celle de l'âme. (Cf. Abrégé des Méditations, 2e Méditation).

Cette séparation radicale des deux substances a rendu très difficile pour Descartes le problème pratique de l'union de l'âme et du corps, union dont il a été obligé de faire une troisième substance. C'est un des principaux problèmes auxquels s'attaqueront les successeurs de Descartes ; Leibnitz le résoudra par « l'harmonie préétablie », Malebranche par la théorie des « causes occasionnelles » et Spinoza par le « parallélisme des attributs ».

pouvons savoir qu'elle est mue, sans savoir si elle est carrée ;
mais nous ne pouvons avoir une connaissance distincte de ce
mouvement et de cette figure, si nous ne connaissons qu'ils
sont tous deux en une même chose, à savoir en la substance de
cette pierre. Pour ce qui est de la distinction dont la façon d'une
substance est différente d'une autre substance ou bien de la
façon d'une autre substance, comme le mouvement d'un corps
est différent d'un autre corps ou d'une chose qui pense, ou bien
comme le mouvement est différent du doute, il me semble
qu'on la doit nommer réelle plutôt que modale, à cause que
nous ne saurions connaître les modes sans les substances dont
ils dépendent, et que les substances sont réellement distinctes
les unes des autres.

|62. – *De la distinction qui se fait par la pensée.*   **53**

Enfin, la distinction qui se fait par la pensée, consiste en ce
que nous distinguons quelquefois une substance de quelqu'un
de ses attributs, sans lequel néanmoins il n'est pas possible que
nous en ayons une connaissance distincte ; ou bien en ce que
nous tâchons de séparer d'une même substance deux tels
attributs, en pensant à l'un sans penser à l'autre. Cette distinction est remarquable en ce que nous ne saurions avoir une
idée claire et distincte d'une telle substance, si nous lui ôtons
un tel attribut ; ou bien en ce que nous ne saurions avoir une
idée claire et distincte de l'un de deux ou plusieurs tels
attributs, si nous le séparons des autres. Par exemple, à cause
qu'il n'y a point de substance qui ne cesse d'exister,
lorsqu'elle cesse de durer, la durée n'est distincte de la substance que par la pensée ; et généralement tous les attributs qui
font que nous avons des pensées diverses d'une même chose,
tels que sont, par exemple, l'étendue du corps et sa proprieté
d'être divisé en plusieurs parties, ne diffèrent du corps qui
nous sert d'objet, et réciproquement l'un de l'autre, qu'à cause
que nous pensons quelquefois confusément à l'un sans penser
à l'autre. Il me souvient d'avoir mêlé la distinction qui se fait

par la pensée avec la modale, sur la fin des réponses que j'ai faites aux premières objections qui m'ont été envoyées sur les Méditations de ma Métaphysique ; mais cela ne répugne point à ce que j'écris en cet endroit, pour ce que, n'ayant pas dessein de traiter pour lors fort amplement de cette matière, il me suffisait de les distinguer toutes deux de la réelle.

63. – *Comment on peut avoir des notions distinctes de l'extension et de la pensée, en tant que l'une constitue la nature du corps, et l'autre celle de l'âme.*

Nous pouvons aussi considérer la pensée et l'étendue comme les choses principales qui constituent la nature de la substance intelligente et corporelle ; et alors nous ne devons point les concevoir autrement que comme la substance même qui pense et qui est étendue, c'est-à-dire comme l'âme et le corps : car nous les connaissons en cette sorte très clairement et très distinctement. Il est même plus aisé de connaître une **54** substance qui pense ou une substance étendue, | que la substance toute seule, laissant à part si elle pense ou si elle est étendue ; pour ce qu'il y a quelque difficulté à séparer la notion que nous avons de la substance de celles que nous avons de la pensée et de l'étendue : car elles ne diffèrent de la substance que par cela seul que nous considérons quelquefois la pensée ou l'étendue sans faire réflexion sur la chose même qui pense ou qui est étendue. Et notre conception n'est pas plus distincte pour ce qu'elle comprend peu de choses, mais pour ce que nous discernons soigneusement ce qu'elle comprend, et que nous prenons garde à ne le point confondre avec d'autres notions qui la rendraient plus obscure [1].

1. Ce n'est point tant la généralité d'une idée qui fait sa valeur, que sa précision. Avec des « Universaux », idées générales, mais vides, on peut alimenter des « disputes », mais non faire avancer la science. La science se construit avec des idées précises.

64. – *Comment on peut aussi les concevoir distinctement,*
en les prenant pour des modes ou attributs de ces substances.

Nous pouvons considérer aussi la pensée et l'étendue
comme les modes ou différentes façons qui se trouvent en la
substance : c'est-à-dire que, lorsque nous considérons qu'une
même âme peut avoir plusieurs pensées diverses, et qu'un
même corps avec sa même grandeur peut être étendu en
plusieurs façons, tantôt plus en longueur et moins en largeur ou
en profondeur et quelquefois, au contraire, plus en largeur et
moins en longueur; et que nous ne distinguons la pensée et
l'étendue, de ce qui pense et de ce qui est étendu, que comme
les dépendances d'une chose, de la chose même dont elles
dépendent; nous les connaissons aussi clairement et aussi
distinctement que leurs substances, pourvu que nous ne pensions point qu'elles subsistent d'elles-mêmes, mais qu'elles
sont seulement les façons ou dépendances de quelques substances. Pour ce que, quand nous les considérons comme les
propriétés des substances dont elles dépendent, nous les
distinguons aisément de ces substances, et les prenons pour
telles qu'elles sont véritablement : au lieu que, si nous voulions
les considérer sans substance, cela pourrait être cause que nous
les prendrions pour des choses qui subsistent d'elles-mêmes;
en sorte que nous confondrions l'idée que nous devons avoir
de la substance, avec celle que nous devons avoir de ses
propriétés[1].

---

1. On a dans cet article un exemple de la souplesse de la pensée
cartésienne, qui est un des éléments de sa fécondité. Le rôle d'une idée ne
sera pas le même selon le problème envisagé. La même chose pourra être
regardée tantôt comme substance, tantôt comme attribut. Cf. « Règles pour
la direction de l'esprit », règle VI. Descartes nous dit que dans tout le
problème, il faut partir des éléments « absolus », c'est-à-dire simples et
indépendants. Mais ce ne sont pas les mêmes éléments qui seront « absolus »
ou « relatifs », selon le problème envisagé.

65. – *Comment on conçoit aussi leurs diverses propriétés ou attributs.*

Nous pouvons aussi concevoir fort distinctement diverses façons de penser, comme entendre, imaginer, se souvenir, vouloir, etc. et diverses façons d'étendue, ou qui appartiennent
55 à l'étendue, comme | généralement toutes les figures, la situation des parties et leurs mouvements, pourvu que nous les considérions simplement comme les dépendances des substances où elles sont; et quant à ce qui est du mouvement, pourvu que nous pensions seulement à celui qui se fait d'un lieu en autre, sans rechercher la force qui le produit, laquelle toutefois j'essaierai de faire connaître, lorsqu'il en sera temps.

66. – *Que nous avons aussi des notions distinctes de nos sentiments, de nos affections et de nos appétits, bien que souvent nous nous trompions aux jugements que nous en faisons.*

Il ne reste plus que les sentiments, les affections et les appétits, desquels nous pouvons avoir aussi une connaissance claire et distincte, pourvu que nous prenions garde à ne comprendre dans les jugements que nous en ferons, que ce que nous connaîtrons précisément par le moyen de notre entendement, et dont nous serons assurés par la raison. Mais il est malaisé d'user continuellement d'une telle précaution, au moins à l'égard de nos sens, à cause que nous avons cru, dès le commencement de notre vie, que toutes les choses que nous sentions avaient une existence hors de notre pensée, et qu'elles étaient entièrement semblables aux sentiments ou aux idées que nous avions à leur occasion. Ainsi, lorsque nous avons vu, par exemple, une certaine couleur, nous avons cru voir une chose qui subsistait hors de nous et qui était semblable à l'idée que nous avions. Or nous avons ainsi jugé en tant de rencontres, et il nous a semblé voir cela si clairement et si distinctement, à cause que nous étions accoutumés à juger de la sorte, qu'on ne doit pas trouver étrange que quelques uns demeurent ensuite tellement persuadés de ce faux préjugé, qu'ils ne puissent pas même se résoudre à en douter.

67. – *Que souvent même nous nous trompons en jugeant que nous sentons de la douleur en quelque partie de notre corps.*

La même prévention a eu lieu en tous nos autres sentiments, même en ce qui est du chatouillement et de la douleur. Car, encore que nous n'ayons pas cru qu'il y eut hors de nous dans les objets extérieurs des choses qui fussent semblables au chatouillement ou à la douleur qu'il nous faisaient sentir, nous n'avons pourtant pas | considéré ces sentiments comme des **56** idées qui étaient seulement en notre âme ; mais nous avons cru qu'ils étaient dans nos mains, dans nos pieds et dans les autres parties de notre corps : sans que toutefois il y ait aucune raison qui nous oblige à croire que la douleur que nous sentons, par exemple au pied, soit quelque chose hors de notre pensée qui soit dans notre pied[1], ni que la lumière que nous pensons voir dans le soleil soit dans le soleil ainsi qu'elle est en nous. Et si quelques uns se laissent encore persuader à une si fausse opinion, ce n'est qu'à cause qu'ils font si grand cas des jugements qu'ils ont faits lorsqu'ils étaient enfants, qu'ils ne sauraient les oublier pour en faire d'autres plus solides, comnne il paraîtra encore plus manifestement par ce qui suit.

68. – *Comment on doit distinguer en telles choses ce en quoi on peut se tromper d'avec ce qu'on connaît clairement.*

Mais, afin que nous puissions distinguer ici ce qu'il y a de clair en nos sentiments d'avec ce qui est obscur, nous remarquerons, en premier lieu, que nous connaissons clairement et distinctement la douleur, la couleur et les autres sentiments,

---

1. Descartes montre à quel point cette opinion est erronée par l'observation des amputés. Il cite une jeune fille à qui l'on avait amputé la main sans la prévenir. A son réveil, elle disait encore éprouver des douleurs « dans les doigts ». (*Principes*, 5ᵉ partie, article 196.)

lorsque nous les considérons simplement comme des pensées ; mais que, quand nous voulons juger que la couleur, que la douleur, etc. sont des choses qui subsistent hors de notre pensée, nous ne concevons en aucune façon quelle chose c'est que cette couleur, cette douleur, etc. Et il en est de même lorsque quelqu'un nous dit qu'il voit de la couleur dans un corps, ou qu'il sent de la douleur en quelqu'un de ses membres, comme s'il nous disait qu'il voit ou qu'il sent quelque chose, mais qu'il ignore entièrement quelle est la nature de cette chose, ou bien qu'il n'a pas une connaissance distincte de ce qu'il voit et de ce qu'il sent. Car, encore que, lorsqu'il n'examine pas ses pensées avec attention, il se persuade peut-être qu'il en a quelque connaissance, à cause qu'il suppose que la couleur qu'il croit voir dans l'objet a de la ressemblance avec le sentiment qu'il éprouve en soi, néanmoins, s'il fait réflexion sur ce qui lui est représenté par la couleur ou par la douleur, en tant qu'elles existent dans un corps coloré, ou bien dans une partie blessée, il trouvera sans doute qu'il n'en a pas de connaissance.

57 |69. – *Qu'on connaît tout autrement les grandeurs, les figures, etc. que les couleurs, les douleurs, etc.*

Principalement s'il considère qu'il connaît bien d'une autre façon ce que c'est que la grandeur dans le corps qu'il aperçoit, ou la figure, ou le mouvement, au moins celui qui se fait d'un lieu en un autre (car les philosophes, en feignant d'autres mouvements que celui-ci, n'ont pas connu si facilement sa vraie nature [1], ou la situation des parties, ou la durée,

---

1. Le terme de mouvement avait une signification plus large dans le langage d'Aristote que celle qu'on lui donne aujourd'hui. Aristote distingue trois sortes de mouvements : 1) le mouvement selon la *quantité*, c'est-à-dire l'accroissement et le décroissement ; 2) le mouvement selon la *qualité*, par exemple le passage du noir au blanc ; ce mouvement s'appelle *l'altération* ; 3) enfin, le mouvement selon le *lieu*, ou *translation*. Descartes n'admet qu'une sorte de mouvement : la translation.

ou le nombre, et les autres propriétés que nous apercevons clairement en tous les corps, comme il a été déjà remarqué, que non pas ce que c'est que la couleur dans le même corps, ou la douleur, l'odeur, le goût, la saveur et tout ce que j'ai dit devoir être attribué au sens. Car, encore que voyant un corps, nous ne soyons pas moins assurés de son existence, par la couleur que nous apercevons à son occasion, que par la figure qui le termine, toutefois il est certain que nous connaissons tout autrement en lui cette propriété qui est cause que nous disons qu'il est figuré, que celle qui fait qu'il nous semble coloré[1].

70. – *Que nous pensons juger en deux façons des choses sensibles, par l'une desquelles nous tombons en erreur, et par l'autre nous l'évitons.*

Il est donc évident, lorsque nous disons à quelqu'un que nous apercevons des couleurs dans les objets, qu'il en est de même que si nous lui disions que nous apercevons en ces objets je ne sais quoi dont nous ignorons la nature, mais qui cause pourtant en nous un certain sentiment, fort clair et manifeste, qu'on nomme le sentiment des couleurs. Mais il y a bien de la différence en nos jugements ; car, tant que nous nous contentons de croire qu'il y a je ne sais quoi dans les objets (c'est-à-dire dans les choses telles qu'elles soient) qui cause en nous ces pensées confuses qu'on nomme sentiments, tant s'en faut que nous nous méprenions, qu'au contraire nous évitons la surprise qui nous pourrait faire méprendre, à cause que nous ne nous emportons pas si tôt à juger témérairement d'une chose que nous remarquons ne pas bien connaître. Mais, lorsque nous croyons apercevoir une certaine couleur dans un objet, bien que nous n'ayons aucune connaissance distincte de ce que nous | appelons d'un tel nom, et que notre raison ne nous **58**

1. Descartes et Locke distinguent entre les « qualités premières » (étendue, figure, mouvement) qui existent réellement dans les choses, et les « qualités secondes » qui dépendent à la fois des choses et de la constitution du sujet percevant.

fasse apercevoir aucune ressemblance entre la couleur que nous supposons être en cet objet et celle qui est en notre sens; néanmoins, pour ce que nous ne prenons pas garde à cela et que nous remarquons en ces mêmes objets plusieurs propriétés, comme la grandeur, la figure, le nombre, etc. qui existent en eux, de même sorte que nos sens ou plutôt notre entendement nous les fait apercevoir, nous nous laissons persuader aisément que ce qu'on nomme couleur dans un objet est quelque chose qui existe en cet objet, qui ressemble entièrement à la couleur qui est en notre pensée, et ensuite nous pensons apercevoir clairement en cette chose ce que nous n'apercevons en aucune façon appartenir à sa nature.

VIII

Articles 71 à 74

ANALYSE DES DIVERSES CAUSES DE L'ERREUR

71. – *Que la première et principale cause de nos erreurs sont les préjugés de notre enfance.*

C'est ainsi que nous avons reçu la plupart de nos erreurs : à savoir, pendant les premières années de notre vie, que notre âme était si étroitement liée au corps, qu'elle ne s'appliquait à autre chose qu'à ce qui causait en lui quelques impressions, elle ne considérait pas encore si ces impressions étaient causées par des choses qui existassent hors de soi, mais seulement elle sentait de la douleur, lorsque le corps en était offensé, ou du plaisir lorsqu'il en recevait de l'utilité, ou bien, si elles étaient si légères que le corps n'en reçut point de commodité, ni aussi d'incommodité qui fut importante à sa conservation, elle avait des sentiments tels que sont ceux qu'on nomme goût, odeur, son, chaleur, froid, lumière, couleur, et autres semblables, qui véritablement ne nous représentent rien qui existe hors de notre pensée, mais qui sont divers selon les diversités qui se rencontrent dans les mouvements qui passent de tous les endroits de notre corps jusqu'à l'endroit du cerveau auquel elle est étroitement jointe et unie[1]. Elle apercevait aussi des grandeurs, des figures et des mouvements qu'elle ne prenait pas pour des sentiments, mais pour des choses ou des propriétés de certaines choses, qui lui semblaient exister, ou du moins pouvoir exister hors de soi, bien qu'elle n'y remarquât pas encore cette différence. Mais, lorsque nous avons été quelque peu plus avancés en âge, et que notre corps, se tournant fortuitement de part et d'autre par la disposition de ses organes, a rencontré des choses utiles ou en a évité de nuisibles, l'âme, qui lui était étroitement unie, faisant réflexion sur les choses qu'il rencontrait ou évitait, a remarqué, premièrement | qu'elles existaient au dehors, et ne leur a **59** pas attribué seulement les grandeurs, les figures, les mouvements et les autres propriétés qui appartiennent véritablement au corps, et qu'elle concevait fort bien ou comme des choses ou comme les dépendances de quelques choses, mais encore les couleurs, les odeurs et toutes les autres idées de ce genre qu'elle apercevait aussi à leur occasion. Et comme elle était si fort offusquée du corps, qu'elle ne considérait les autres choses qu'autant qu'elles servaient à son usage, elle jugeait qu'il y avait plus ou moins de réalité en chaque objet, selon que les impressions qu'il causait lui semblaient plus ou moins fortes. De là vient qu'elle a cru qu'il y avait beaucoup plus de substance ou de corps dans les pierres et dans les métaux que dans l'air ou dans l'eau, parce qu'elle y sentait plus de dureté et de pesanteur; et qu'elle n'a considéré l'air non plus que rien, lorsqu'il n'était agité d'aucun vent et qu'il ne lui semblait ni chaud ni froid. Et pour ce que les étoiles ne lui

---

1. Il s'agit de la glande pinéale.

faisaient guère plus sentir de lumière que des chandelles
allumées, elle n'imaginait pas que chaque étoile fut plus
grande que la flamme qui paraît au bout d'une chandelle qui
brille. Et pour ce qu'elle ne considérait pas encore si la terre
peut tourner sur son essieu, et si sa superficie est courbée
comme celle d'une boule, elle a jugé d'abord qu'elle est
immobile, et que sa superficie est plate. Et nous avons été par
ce moyen si fort prévenus de mille autres préjugés que, lors
même que nous étions capables de bien user de notre raison,
nous les avons reçus en notre créance; et au lieu de penser que
nous avions fait ces jugements en un temps que nous n'étions
pas capables de bien juger, et par conséquent qu'ils pouvaient
être plutôt faux que vrais, nous les avons reçus pour aussi
certains que si nous en avions eu une connaissance distincte
par l'entremise de nos sens, et n'en avons non plus douté que
s'ils eussent été des notions communes.

72. – *Que la seconde est que nous ne pouvons oublier ces
préjugés.*
Enfin lorsque nous avons atteint l'usage entier de notre
raison et que notre âme, n'étant plus si sujette au corps, tâche à
bien juger des choses et à connaître leur nature, bien que nous
remarquions que les jugements que nous avons faits lorsque
nous étions enfants sont pleins d'erreur, nous avons assez de
peine à nous en délivrer entièrement : et néanmoins il est
60 certain que, si nous manquons à | nous souvenir qu'ils sont
douteux, nous sommes toujours en danger de retomber en
quelque fausse prévention. Cela est tellement vrai, qu'à cause
que, dès notre enfance, nous avons imaginé par exemple les
étoiles fort petites, nous ne saurions nous défaire encore de
cette imagination, bien que nous connaissions par les raisons
de l'astronomie qu'elles sont très grandes, tant a de pouvoir sur
nous une opinion déjà reçue !

73. – *La troisième, que notre esprit se fatigue quand il se rend attentif à toutes les choses dont nous jugeons.*

De plus, comme notre âme ne saurait s'arrêter à considérer longtemps une même chose avec attention sans se peiner et même sans se fatiguer, et qu'elle ne s'applique à rien avec tant de peine qu'aux choses purement intelligibles, qui ne sont présentes ni au sens ni à l'imagination, soit que naturellement elle ait été faite ainsi, à cause qu'elle est unie au corps, ou que, pendant les premières années de notre vie, nous nous soyons si fort accoutumés à sentir et imaginer, que nous ayons acquis une facilité plus grande à penser de cette sorte, de là vient que beaucoup de personnes ne sauraient croire qu'il y ait de substance, si elle n'est imaginable et corporelle, et même sensible. Car on ne prend pas garde ordinairement qu'il n'y a que les choses qui consistent en étendue, en mouvement et en figure, qui soient imaginables, et qu'il y en a quantité d'autres que celles-là, qui sont intelligibles. De là vient aussi que la plupart du monde se persuade qu'il n'y a rien qui puisse subsister sans corps, et même qu'il n'y a point de corps qui ne soit sensible. Et d'autant que ce ne sont point nos sens qui nous font découvrir la nature de quoi que ce soit, mais seulement notre raison lorsqu'elle y intervient[1], on ne doit pas trouver étrange que la plupart des hommes n'aperçoivent les choses que fort confusément, vu qu'il n'y en a que très peu qui s'étudient à la bien conduire.

74. – *La quatrième, que nous attachons nos pensées à des paroles qui ne les expriment pas exactement.*

Au reste, parce que nous attachons nos conceptions à certaines paroles, afin de les exprimer de bouche, et que nous nous souvenons plutôt des paroles que des choses, à peine

---

1. Voir l'analyse du morceau de cire dans la 2ᵉ Méditation. Descartes montre que ce que nous croyons connaître par les sens ne peut être, et n'a jamais été en réalité connu que par l'entendement.

61 saurions-nous | concevoir aucune chose si distinctement, que nous séparions entièrement ce que nous concevons d'avec les paroles qui avaient été choisies pour l'exprimer. Ainsi tous les hommes donnent leur attention aux paroles plutôt qu'aux choses; ce qui est cause qu'ils donnent bien souvent leur consentement à des termes qu'ils n'entendent point, et qu'ils ne se soucient pas beaucoup d'entendre, ou pour ce qu'ils croient les avoir entendus autrefois, ou pour ce qu'il leur a semblé que ceux qui les leur ont enseignés en connaissaient la signification, et qu'ils l'ont apprise par même moyen. Et bien que ce ne soit pas ici l'endroit où je dois traiter de cette matière, à cause que je n'ai pas enseigné quelle est la nature du corps humain, et que je n'ai pas même encore prouvé qu'il y ait au monde aucun corps, il me semble néanmoins que ce que j'en ai dit nous pourra servir à discerner celles de nos conceptions qui sont claires et distinctes, d'avec celles où il y a de la confusion et qui nous sont inconnues.

IX

Articles 75 à 76

RÉSUMÉ DES PRINCIPES LES PLUS IMPORTANTS DE LA CONNAISSANCE

75.–*Abrégé de tout ce qu'on doit observer pour bien philosopher.*

C'est pourquoi, si nous désirons vaquer sérieusement à l'étude de la philosophie et à la recherche de toutes les vérités que nous sommes capables de connaître, nous nous délivrerons, en premier lieu [1], de nos préjugés, et ferons état de rejetter toutes les opinions que nous avons autrefois reçues en notre créance, juqu'à ce que nous les ayons derechef examinées. Nous ferons ensuite une revue sur les notions qui sont en nous et ne recevrons pour vraies que celles qui se présenteront clairement et distinctement à notre entendement. Par ce moyen nous connaîtrons, premièrement, que nous sommes, en tant que notre nature est de penser ; et qu'il y a un Dieu duquel nous dépendons ; après avoir considéré ses attributs, nous pourrons rechercher la vérité de toutes les autres choses, pour ce qu'il en est la cause. Outre les notions que nous avons de Dieu et de notre pensée, nous trouverons aussi en nous la connaissance de beaucoup de propositions qui sont perpétuellement vraies, comme par exemple, que le néant ne peut être l'auteur de quoi que ce soit, etc. Nous y trouverons l'idée d'une nature corporelle ou étendue, qui peut être mue, divisée, etc. et des sentiments qui causent en nous certaines dispositions, comme la douleur, les couleurs, etc. ; et comparant ce que nous venons | d'apprendre en examinant ces choses par ordre, avec ce que **62** nous en pensions avant que de les avoir ainsi examinées, nous nous accoutumerons à former des conceptions claires et distinctes sur tout ce que nous sommes capables de connaître. C'est en ce peu de préceptes que je pense avoir compris tous les principes plus généraux et plus importants de la connaissance humaine.

76. – *Que nous devons préférer l'autorité divine à nos raisonnements, et ne rien croire de ce qui n'est pas révélé que nous ne le connaissions fort clairement.*

Surtout, nous tiendrons pour règle infaillible, que ce que Dieu a révélé est incomparablement plus certain que le reste ; afin que, si quelque étincelle de raison semblait nous suggérer

---

1. Remarquer l'ordre rigoureux selon lequel Descartes a procédé, et qu'il reproduit dans ce résumé.

quelque chose au contraire, nous soyons toujours prêts à soumettre notre jugement à ce qui vient de sa part. Mais, pour ce qui est des vérités dont la Théologie ne se mêle point, il n'y aurait pas d'apparence qu'un homme qui veut être philosophe reçût pour vrai ce qu'il n'a point connu être tel, et qu'il aimât mieux se fier à ses sens, c'est-à-dire aux jugements inconsidérés de son enfance, qu'à sa raison, lorsqu'il est en état de la bien conduire[1].

---

1. Descartes ne veut point être accusé de se mêler de théologie, mais aussi il demande que la science ait son indépendance vis-à-vis de la théologie. Cette séparation de la science et de la théologie, où seul régnait le critère de l'autorité et non celui de l'évidence rationnelle, était la condition du progrès de la science. Descartes n'a pas pardonné aux théologiens d'avoir condamné Galilée.

TABLEAU RÉCAPITULATIF DES FORMES DE LA PENSÉE[1]

VÉRITÉS n'existant que dans la pensée	Notions concernant les CHOSES existantes				
ou : maximes	Notions *générales* s'appliquant à toutes les choses	Notions *particulières* permettant de distinguer les différentes choses			
Exemples :		Choses *intellectuelles*	Choses *corporelles*	Choses relevant de l'*union* de l'âme et du corps	
On ne saurait faire quelque chose de rien.	Substance	Volonté	Etendue (à 3 dimensions)	Appétits	boire manger, etc.
Il est impossible qu'une chose soit et ne soit pas en même temps.	Durée	Entendement	Mouvement	Affections	émotions passions
Celui qui pense ne peut manquer d'être pendant qu'il pense (*Cogito ergo sum*), etc	Ordre			Sentiments	douleur chatouillement
Il est inutile de les dénombrer. Elles se révèlent d'elles-mêmes.	Nombre			Qualités sensibles	couleur lumière sons odeurs, etc.

1. Ce tableau est de l'éditeur et ne figure pas dans le texte de Descartes.

TABLE DES PRINCIPES DE LA PHILOSOPHIE

PREMIÈRE PARTIE[1]

DES PRINCIPES DE LA CONNAISSANCE HUMAINE

1. Nous indiquerons, pour la 1er partie, les pages de la présente édition ; nous indiquerons pour les autres parties, non publiées ici, les pages de l'édition *Adam et Tannery* (Tome IX).

SECONDE PARTIE

DES PRINCIPES DES CHOSES MATÉRIELLES

TROISÈME PARTIE

DU MONDE VISIBLE

QUATRIÈME PARTIE

DE LA TERRE

LEIBNIZ

REMARQUES SUR LA PARTIE GÉNÉRALE
DES PRINCIPES DE DESCARTES

Nous présentons dans les pages suivantes un extrait des *Remarques sur la partie générale des principes de Descartes* de Leibniz (1692). Dans cette sorte de commentaire suivi de la première partie des *Principes de la philosophie*, Leibniz propose une analyse relativement critique du système philosophique et des thèses métaphysiques de Descartes.

Il nous a semblé utile pour le lecteur contemporain de mettre en regard ces deux textes, qui donnent une bonne idée de la richesse et de la vivacité des discussions philosophiques qui ont eu lieu, et peuvent encore avoir lieu, autour de certains aspects majeurs de la pensée cartésienne.

Ces *Remarques* sont disponibles, en totalité et en édition bilingue, avec d'autres essais, dans le volume Leibniz, *Opuscules philosophiques choisis*, texte latin, traduction et notes par P. Schrecker, Paris, Vrin, 2001 (édition poche).

REMARQUES SUR LA PARTIE GÉNÉRALE
DES PRINCIPES DE DESCARTES *

SUR LA PREMIÈRE PARTIE

Sur l'article premier. Ce que Descartes dit ici sur la nécessité de douter de toute chose dans laquelle il y a la moindre incertitude, il eût été préférable de le ramasser dans le précepte suivant, plus satisfaisant et plus précis : il faut à propos de chaque chose considérer le degré d'assentiment ou de réserve qu'elle mérite, ou, plus simplement, il faut examiner les raisons de chaque assertion. Ainsi les chicanes sur le doute cartésien eussent cessé. Mais peut-être l'auteur a-t-il préféré émettre des paradoxes, afin de réveiller par la nouveauté le lecteur engourdi. Cependant je voudrais qu'il se fût

---

* Les notes au bas des pages reproduisent les sommaires des articles des *Principes de Descartes*, d'après la traduction de l'abbé Claude Picot (éd. Adam-Tannery, IX, 2, p. 331 *sq.*). Puis, figurent les notes du traducteur.

Première partie : Des principes de la connaissance humaine.
1. Que, pour examiner la vérité, il est besoin, une fois en sa vie, de mettre toutes choses en doute, autant qu'il se peut.

souvenu lui-même de son précepte, ou plutôt qu'il en eût saisi
la véritable portée. J'expliquerai par un exemple emprunté aux
géomètres, quelle est la question et quel en est l'intérêt. On sait
qu'il y a, chez eux, des axiomes et des postulats, sur la vérité
desquels tout le reste repose. Nous les admettons, d'une part,
parce qu'ils sont immédiatement évidents à l'esprit, d'autre
part parce qu'ils sont confirmés par une infinité d'expériences ; et cependant il importerait à la perfection de la science
qu'ils fussent démontrés. Jadis Apollonius et Proclus ont
entrepris certaines de ces démonstrations, et plus près de nous
Roberval[1]. Et sans doute, de même qu'Euclide s'est proposé
de démontrer que deux côtés du triangle sont ensemble plus
grands que le troisième, – ce que, selon la plaisanterie d'un
ancien, les ânes eux-mêmes savent, qui se dirigent vers
l'étable en ligne droite et sans détours, – parce qu'il voulut que
les vérités géométriques fussent fondées sur des raisons et non
pas sur les images sensibles, de même il eût pu aussi démontrer que deux droites, qui, prolongées, ne coïncident pas, ne
peuvent avoir qu'un seul point commun, si seulement il avait
eu une bonne définition de la droite. Je suis convaincu que la
démonstration des axiomes est d'une grande utilité pour la
vraie analyse ou art d'inventer. Donc, si Descartes eût voulu
exécuter ce qu'il y a de meilleur dans son précepte, il eût dû

1. Les démonstrations de Proclus se trouvent dans son Commentaire sur le
premier Livre des *Éléments* d'Euclide, publié pour la première fois, à la suite
de l'édition de ces *Éléments*, à Bâle, 1538. Proclus y mentionne les essais de
démonstrations entreprises par Apollonius. Quant à Roberval, Leibniz parle
de ses démonstrations en ces termes : « Quand j'étais à Paris, on se moquait de
M. Roberval, parce qu'il avait voulu démontrer quelques axiomes d'Euclide »
(*Philos. Schriffen*, éd. Gerhardt, I, p. 402 ; cf. *ibid.*, p. 372 ; *Nouveaux Essais*,
Livre IV, chap. VII, § 1 ; *Opuscules*, éd. Couturat, p. 539).

s'appliquer à démontrer les principes des sciences et faire en philosophie ce que Proclus voulut faire en géométrie, où c'est moins nécessaire. Mais parfois notre auteur a plutôt recherché les applaudissements que la certitude. Je ne lui reprocherais cependant pas de s'être ontenté de la vraisemblance, s'il n'avait pas lui-même, par la rigueur de ses exigences, excité les esprits : je blâme bien moins Euclide qui a admis certaines propositions sans preuves; car il nous a donné la certitude qu'ayant adopté un petit nombre d'hypothèses, nous pouvons accepter tout le reste sans risque et même avec un égal degré de confiance. Si Descartes ou d'autres philosophes en eussent fait autant, nous ne serions pas en peine. Ceci soit dit aussi à l'adresse des sceptiques qui méprisent les sciences sous le pré-texte qu'elles se servent parfois de principes non démontrés. Moi je pense, au contraire, que les géomètres sont dignes de louanges, parce qu'ils ont étayé la science sur ces principes comme sur des piliers et qu'ils ont inventé l'art de progresser en tirant de peu de principes tant de conséquences. En effet, s'ils eussent voulu remettre l'invention des théorèmes ou des problèmes jusqu'au jour où tous les axiomes et tous les postulats fussent démontrés, nous n'aurions peut-être encore aucune géométrie à l'heure actuelle.

Sur l'art. 2. D'ailleurs je ne vois pas l'avantage de considérer comme faux ce qui est douteux : ce ne serait pas se délivrer des préjugés, on ne ferait qu'en changer. Que s'il s'agit seulement d'une fiction, il ne fallait pas en abuser. On

---

2. Qu'il est utile aussi de considérer comme fausses toutes les choses dont on peut douter. – 3. Que nous ne devons point user de ce doute pour la conduite de nos actions.

verra en effet plus bas (art. 8), lorsque nous traiterons de la distinction de l'âme et du corps, qu'un paralogisme en est né.

Sur l'art. 4. Au sujet des choses sensibles, tout ce que nous pouvons savoir et tout ce que nous devons désirer, c'est qu'elles s'accordent entre elles aussi bien qu'avec des principes incontestés et qu'ainsi les événements futurs puissent être prévus, jusqu'à un certain point, par la connaissance du passé.

On ne saurait leur reconnaître une vérité ou réalité autre que celle qui permet ce résultat; les sceptiques ne doivent pas exiger autre chose, ni les dogmatiques promettre davantage.

Sur l'art. 5. Le seul doute que comportent les démonstrations mathématiques est exactement analogue à la crainte de l'erreur dans le calcul arithmétique. Pour obvier à ce risque, il n'est qu'à reprendre plusieurs fois le calcul, à le faire examiner par d'autres ou encore à le vérifier par des preuves. Cette faiblesse de l'esprit humain, effet du manque d'attention et de mémoire, ne saurait être complètement éliminée; et c'est en vain que Descartes y fait allusion ici, comme s'il y apportait un remède. Il suffirait qu'on arrivât dans les autres sciences aussi loin que dans les mathématiques. Tout raisonnement, – sans excepter le raisonnement cartésien, – quelles qu'en soient l'exactitude et la solidité, sera toujours exposé à ce doute, à quelque conclusion qu'on s'arrête au sujet d'un génie puissant et trompeur ou de la distinction entre le rêve et la veille.

---

4. Pourquoi on peut douter de la vérité des choses sensibles.
5. Pourquoi on peut aussi douter des démonstrations de mathématique.

Sur l'art. 6. Nous avons le libre arbitre, non pas quand nous percevons, mais quand nous agissons. Il ne dépend pas de mon arbitre de trouver le miel doux ou amer, mais il ne dépend pas non plus de mon arbitre qu'un théorème proposé m'apparaisse vrai ou faux ; la conscience n'a qu'à examiner ce qui lui apparaît. Lorsque nous décidons de quelque chose, nous avons toujours présentes à l'esprit ou bien une sensation ou une raison actuelles, ou tout au moins un souvenir actuel d'une sensation ou d'une raison passées ; bien qu'en ce dernier cas nous soyons souvent trompés par l'infidélité de la mémoire ou par l'insuffisance de l'attention. Mais la conscience de ce qui est présent ou de ce qui est passé ne dépend nullement de notre arbitre. Nous ne reconnaissons à la volonté que le pouvoir de commander à l'attention et à l'intérêt ; et ainsi, quoiqu'elle ne fasse pas le jugement en nous, elle peut toutefois y exercer une influence indirecte. Ainsi il arrive souvent que les hommes finissent par croire ce qu'ils voudraient être la vérité, ayant accoutumé leur esprit à considérer avec le plus d'attention les choses qu'ils aiment ; de cette façon ils arrivent à contenter non seulement leur volonté mais encore leur conscience. Voir aussi l'art. 31.

Sur l'art. 7. Descartes a très bien signalé que la proposition : *je pense, donc je suis*, est une des vérités premières. Mais il eût été convenable de ne pas négliger les autres vérités de même ordre. En général, on peut dire que toutes les vérités sont ou bien des vérités de fait, ou bien des vérités de raison.

---

6. Que nous avons un libre arbitre qui fait que nous pouvons nous abstenir de croire les choses douteuses, et ainsi nous empêcher d'être trompés.

7. Que nous ne saurions douter sans être, et que cela est la première connaissance certaine qu'on peut acquérir.

La première des vérités de raison est le principe de contradiction ou, ce qui revient au même, le principe d'identité, ainsi
qu'Aristote l'a remarqué justement. Il y a autant de vérités de
fait premières, qu'il y a de perceptions immédiates ou, si l'on
peut ainsi dire, de consciences. Car je n'ai pas seulement
conscience de mon moi pensant, mais aussi de mes pensées, et
il n'est pas plus vrai ni plus certain que je pense, qu'il n'est vrai
et certain que je pense telle ou telle chose. Aussi est-on en droit
de rapporter toutes les vérités de fait premières à ces deux-ci :
Je pense, et *des choses diverses sont pensées par moi*. D'où
il suit non pas seulement que je suis, mais encore que je suis
affecté de différentes manières.

Sur l'art. 8. Il n'est pas concluant de raisonner comme
suit : je peux supposer ou feindre qu'aucun corps n'existe, je
ne puis feindre que je n'existe pas ou que je ne pense pas ; donc
je ne suis pas corporel et la pensée n'est pas un mode du corps.
Je m'étonne qu'un homme éminent ait pu attribuer à un
sophisme si faible une si grande force. Tout au moins dans cet
article il ne dit rien de plus ; les arguments des *Méditations*
seront examinés en leur lieu. Celui qui pense que l'âme est
corporelle, n'admet pas qu'on puisse soutenir qu'il n'y a point
de corps ; il concède seulement qu'on peut douter (tant qu'on
ignore la nature de l'âme) s'il existe des choses corporelles ou
s'il n'en existe pas. Cependant comme chacun voit clairement
que son âme existe, il concédera seulement qu'il suit de là,

---

8. Qu'on connaît aussi ensuite la distinction qui est entre l'âme et le corps.
– 9. Ce que c'est que la pensée. – 10. Qu'il y a des notions d'elles-mêmes
si claires qu'on les obscurcit en les voulant définir à la façon de l'École ;
et qu'elles ne s'acquièrent point par étude, mais naissent avec nous. –
11. Comment nous pouvons plus clairement connaître notre âme que notre
corps. – 12. D'où vient que tout le monde ne la connaît pas en cette façon.

qu'on peut en outre douter si l'âme est corporelle. On aura beau torturer cet argument, on n'en arrachera jamais de plus amples conséquences. Ce qui favorise ce paralogisme, c'est le droit abusif, proclamé ci-dessus par l'art. 2, de rejeter comme faux ce qui n'est que douteux, comme s'il était permis de poser qu'il n'y a pas de corps, dès lors qu'on peut douter de leur existence, ce qu'on ne peut accorder. Il en serait autrement, si nous connaissions la nature de l'âme aussi parfaitement que son existence : en ce cas il serait certain que ce qui n'apparaîtrait pas en elle n'existerait pas en elle.

Sur l'art. 13. J'ai déjà signalé, à propos de l'art. 5, qu'il ne sert de rien d'alléguer ici les erreurs qui peuvent naître des défauts de la mémoire ou de l'attention et qui peuvent tout aussi bien se glisser dans les calculs arithmétiques (même si l'on possède méthode parfaite, comme c'est le cas pour les nombres), parce que l'on ne saurait inventer une méthode sûre pour les éviter, surtout lorsqu'il s'agit d'une longue suite de raisonnements. Il faut donc avoir recours à des vérifications. D'ailleurs Dieu ne survient ici que pour produire une sorte d'effet théâtral. Car, pour ne pas dire davantage, cette étrange fiction, ce doute sur la question de savoir si nous ne serions pas faits pour nous tromper même à propos des choses les plus évidentes, ne saurait émouvoir personne, puisque la nature même de l'évidence s'y oppose et que les expériences et les succès de toute la vie témoignent du contraire. Et si ce doute pouvait jamais s'élever avec raison, il serait à jamais insur-montable, et pour Descartes lui-même et pour tout autre philo-sophe : il leur ferait toujours obstacle, quelle que fût l'évidence

---

13. En quel sens on peut dire que, si on ignore Dieu, on ne peut avoir de connaissance certaine d'aucune autre chose.

de leurs assertions. Mais, laissant de côté cet argument, il faut savoir que même si l'on nie Dieu, on ne le supprime pas. Car s'il n'y avait pas de Dieu, pourvu toutefois que notre existence demeurât possible, nous n'en serions pas moins capables de saisir la vérité. Et, au contraire, si l'on admet l'existence de Dieu, il ne suit pas de là qu'il n'existe pas de créature très faillible et imparfaite, surtout quand il est possible que cette imperfection ne soit pas innée, mais ait été surajoutée comme conséquence d'un grand péché. C'est précisément la doctrine des théologiens chrétiens au sujet du péché originel. Ainsi ce mal ne pourrait pas être imputé à Dieu. D'ailleurs s'il ne me semble pas justifié qu'on fasse intervenir Dieu ici, je suis cependant d'avis (mais pour d'autres raisons), que la vraie connaissance de Dieu est le principe de la sagesse supérieure ; car Dieu n'est pas moins la cause première des choses que leur ultime raison ; et une chose ne saurait être mieux connue que par ses causes et ses raisons.

Sur l'art. 14. La démonstration de l'existence de Dieu, tirée de la notion de Dieu, paraît avoir été pour la première fois inventée et proposée par Anselme de Cantorbéry dans son livre *Contre l'insensé*[1], qui nous a été conservé. Cet argument

---

14. Qu'on peut démontrer qu'il y a un Dieu de cela seul que la nécessité d'être ou d'exister est comprise en la notion que nous avons de lui. – 15. Que la nécessité d'être n'est pas comprise en la notion que nous avons des autres choses, mais seulement le pouvoir d'être. – 16. Que les préjugés empêchent que plusieurs ne connaissent clairement cette nécessité d'être qui est en Dieu. – 17. Que d'autant que nous concevons plus de perfection en une chose, d'autant devons-nous croire que sa cause doit aussi être plus parfaite.

1. Saint Anselme, *Liber apologeticus contra Gaunilonem respondentem pro insipiente* (Migne, *Patrol. lat.* CLVIII, p. 247 *sq.*). Une traduction française

a été plusieurs fois examiné par les théologiens scolastiques et par l'Aquinate lui-même[1], à qui Descartes semble l'avoir emprunté, car il n'ignorait pas ce philosophe. Ce raisonnement n'est pas sans beauté, cependant il est imparfait. Voici de quoi il s'agit. Tout ce que l'on peut démontrer en partant de la notion d'une chose peut être attribué à la chose même. Or, en partant de la notion de l'Être le plus parfait et le plus grand on peut démontrer l'existence de cet Être. Donc l'existence peut être attribuée à l'Être le plus parfait (Dieu), ou bien, Dieu existe. La mineure du syllogisme se démontre ainsi : l'Être le plus parfait ou le plus grand contient toutes les perfections, donc aussi l'existence qui est sans doute du nombre des perfections, puisque exister est plus, et mieux que ne pas exister. Tel est l'argument. Mais on peut arriver à une démonstration encore plus rigoureuse et plus stricte en omettant la perfection et la grandeur, et en raisonnant comme suit : l'Être nécessaire existe (ou bien l'Être dont l'essence contient l'existence, l'Être par soi, existe), comme il est manifeste par les termes mêmes. Or, Dieu est, par définition, un tel Être, donc Dieu existe. Ces arguments sont concluants, à condition de concéder que l'Être le plus parfait ou l'Être nécessaire est possible et n'implique pas contradiction ; ou bien, ce qui revient au même, que l'essence de laquelle suit l'existence est possible. Mais tant que cette possibilité n'est pas démontrée, on ne peut pas non plus admettre que l'existence de Dieu soit parfaitement démontrée par cet argument. Et, en général, il faut savoir, comme je l'ai autrefois fait remarquer, que d'une définition on

de cet opuscule et du *Proslogion* dont il est l'apologie a été publiée par A. Koyré, Paris, 1930.

1. Saint Thomas d'Aquin, *Summa contra Gentiles*, lib. I, cap. X *sq.*

ne peut rien inférer de certain au sujet de la chose définie, tant qu'il n'est pas établi que cette définition exprime une chose possible. Car si, par hasard, elle implique une contradiction cachée, il peut arriver qu'on en déduise une absurdité. Cette réserve faite, cet argument nous révèle cet insigne privilège de la nature divine, que si seulement elle est possible, elle existe par là même; tandis que, pour toutes les autres choses, l'existence ne suit pas de la possibilité. Afin de pouvoir démontrer géométriquement l'existence de Dieu, il ne reste donc plus qu'à démontrer avec une rigueur géométrique la possibilité de Dieu. Tel qu'il est, cet argument suffit à inspirer une grande confiance en l'existence d'une chose qui, pour exister, n'a besoin que d'être possible. Par ailleurs, il est manifeste que quelque chose de nécessaire existe, ne serait-ce que du fait qu'il existe des choses contingentes.

Sur l'art. 18. Le second argument de Descartes, – que nous avons l'idée de l'Être le plus parfait et que, par conséquent, la cause de cette idée (à savoir l'Être le plus parfait) existe, – cet argument est plus douteux que la possibilité de Dieu. Aussi est-il rejeté par beaucoup de ceux qui assurent avec une grande ferveur non seulement que Dieu est possible, mais encore qu'il existe. Il n'est pas non plus exact, – il me souvient avoir lu cela quelque part dans Descartes [1], – que lorsque nous parlons de

18. Qu'on peut derechef démontrer par cela, qu'il y a un Dieu. –
19. Qu'encore que nous ne comprenions pas tout ce qui est en Dieu, il n'y a rien toutefois que nous connaissions si clairement comme ses perfections.

1. *Meditationes, Secundae Responsiones* (AT VII, p. 160, l. 17-19; *cf.* Descartes à Mersenne, juillet 1641 : « Nous ne saurions rien exprimer par nos paroles, lorsque nous entendons ce que nous disons, que de cela même il ne soit certain que nous avons eu en nous l'idée de la chose qui est signifiée par nos

quelque chose en comprenant ce que nous disons, nous ayons une idée de cette chose. Car souvent il arrive que nous combinons des notions incompatibles : ainsi quand nous pensons au mouvement le plus rapide, chose sans nul doute impossible et dont, par conséquent, il n'y a point d'idée. Il nous est cependant possible d'en parler en nous comprenant. C'est que nous ne pensons souvent que confusément ce dont nous parlons, ainsi que je l'ai expliqué ailleurs, et nous n'avons pas conscience de l'idée présente à notre esprit, à moins de connaître la chose par l'intelligence et de la résoudre, autant qu'il le faut, en ses éléments.

Sur l'art. 20. Le troisième argument présente entre autres le même défaut. Car il affirme qu'il y a en nous l'idée de la suprême perfection de Dieu, et il conclut de là que Dieu existe, puisque nous qui avons cette idée existons.

Sur l'art. 21. De ce que nous existons à présent, il suit que nous existerons encore plus tard, s'il n'y a pas une raison de

---

20. Que nous ne sommes pas la cause de nous-mêmes, mais que c'est Dieu, et que par conséquent il y a un Dieu.

21. Que la seule durée de notre vie suffit pour démontrer que Dieu est. – 22. Qu'en connaissant qu'il y a un Dieu, en la façon ici expliquée, on connaît aussi tous ses attributs, autant qu'ils peuvent être connus par la seule lumière naturelle. – 23. Que Dieu n'est point corporel, et ne connaît point par l'aide des sens comme nous, et n'est point auteur du péché. – 24. Qu'après avoir connu que Dieu est, pour passer à la connaissance des créatures, il se faut souvenir que notre entendement est fini, et la puissance de Dieu infinie. – 25. Et qu'il faut croire tout ce que Dieu a révélé, encore qu'il soit au-dessus de la portée de notre esprit.

paroles. » (Lettre 123 du tome III de l'éd. Clerselier; AT III, p. 393). Les cartésiens se sont servis de ce passage pour en tirer la définition de l'idée; voir, par exemple, *Logique de Port-Royal*, Iʳᵉ Partie, chap. I; Louis de la Forge, *Traité de l'esprit de l'homme*, chap. X; Spinoza, *Principia philos. cartes.*, Pars I, Definitio II.

changement. C'est pourquoi, à moins qu'il soit établi par une autre voie que nous ne pourrions même pas exister sans l'effet de la bonté divine, notre durée ne prouverait rien pour l'existence de Dieu; car ce raisonnement suppose que chaque moment de notre durée est complètement indépendant de chaque autre, ce qu'il ne faut pas. concéder.

Sur l'art. 26. Bien qu'étant finis, nous pouvons savoir beaucoup de choses de l'infini, par exemple des lignes asymptotiques, c'est-à-dire de celles qui, prolongées à l'infini, se rapprochent de plus en plus sans jamais coïncider, des espaces infinis en longueur, dont l'aire n'est cependant pas plus grande que celle d'un espace fini donné, des sommes de séries infinies. Autrement nous n'aurions aucune connaissance certaine de Dieu. Car savoir quelque chose d'un objet n'est pas la même chose que le comprendre, c'est-à-dire tenir en sa possession tout ce qu'il y a de caché dans cet objet.

Sur l'art. 28. Quant aux fins que Dieu s'est proposées, je suis persuadé que nous pouvons les connaître et qu'il est très utile de les scruter; qui dédaigne cette recherche s'expose à des dangers et à des soupçons. En général, toutes les fois que nous constatons qu'une chose rend d'éminents services, nous pouvons déclarer sans risque, que l'une, entre autres, des fins que Dieu s'est proposées en créant cette chose, c'est précisément qu'elle assure ces services, puisqu'il a connu et produit cet usage de la chose. J'ai signalé ailleurs et montré par des

26. Qu'il ne faut point tâcher de comprendre l'infini, mais seulement penser que tout ce en quoi nous ne trouvons aucunes bornes est indéfini. – 27. Quelle différence il y a entre *indéfini* et *infini*.

28. Qu'il ne faut point examiner pour quelle fin Dieu a fait chaque chose, mais seulement par quel moyen il a voulu qu'elle fût produite. – 29. Que Dieu n'est point la cause de nos erreurs.

exemples qu'il est possible de découvrir, par la considération des causes finales[1], des vérités de physique de grande importance, qu'il n'eût pas été aussi facile de connaître par les causes efficientes.

Sur l'art. 30. En admettant que la substance parfaite existe et qu'elle n'est nullement la cause des imperfections, on ne fait point par là même disparaître les raisons vraies ou fictives de douter que Descartes a introduites; c'est ce que j'ai déjà remarqué à propos de l'art. 13.

Sur les art. 31-35. Je n'admets pas que les erreurs dépendent de notre volonté plutôt que de notre entendement. Croire le vrai ou croire le faux, c'est-à-dire connaître ou se tromper, n'est autre chose qu'une certaine conscience ou un certain souvenir de perceptions ou de raisons. Et cela ne dépend pas de la volonté, si ce n'est dans les cas où par des voies obliques nous en arrivons enfin, parfois même en dépit de notre ignorance, à croire que nous voyons ce que nous voulons voir. Ajoutez ce qui a été dit de l'art. 6. Nous jugeons donc, non pas selon notre volonté mais selon ce qui se présente à notre

---

30. Et que par conséquent tout cela est vrai que nous connaissons clairement être vrai, ce qui nous délivre des doutes ci-dessus proposés.

31. Que nos erreurs, au regard de Dieu, ne sont que des négations, mais au regard de nous, sont des privations ou des défauts. – 32. Qu'il n'y a en nous que deux sortes de pensée, à savoir, la perception de l'entendement, et l'action de la volonté. – 33. Que nous ne nous trompons que lorsque nous jugeons de quelque chose qui ne nous est pas assez connue. – 34. Que la volonté, aussi bien que l'entendement, est requise pour juger. – 35. Qu'elle a plus d'étendue que lui, et que de là viennent nos erreurs. – 36. Lesquelles ne peuvent être imputées à Dieu.

1. *Unicum opticae, catoptricae et dioptricae principium*, 1682 (*Opera*, éd. Dutens, III, 145 *sq*.). Cf. *Discours de Métaphysique*, § 21, 22; *Nouveaux Essais*, Livre IV, chap. VII.

conscience. Quant à l'opinion de Descartes, que la volonté
s'étend plus loin que l'entendement, elle est plus ingénieuse
que vraie : ce ne sont là que belles paroles pour le grand public.
Nous ne voulons rien que ce qui s'offre à l'entendement.
L'origine de toutes les erreurs est, en un certain sens, la même
que celle des erreurs de calcul, qui arrivent aux arithméticiens.
En effet, il arrive souvent qu'à défaut d'attention ou de
mémoire, nous faisons ce qu'il ne faut pas faire ou que nous
omettons ce qu'il faut faire, ou bien que nous croyons avoir fait
ce que nous n'avons pas fait, ou que nous avons fait ce que
nous croyons n'avoir pas fait. Ainsi il arrive que, dans le calcul
(auquel correspond le raisonnement dans l'esprit), on oublie
de poser certains signes nécessaires ou qu'on en mette qu'il
ne faut pas; qu'on néglige un des éléments du calcul en les
rassemblant, ou qu'on opère contre la règle. Lorsque notre
esprit est fatigué ou distrait, il ne fait pas suffisamment attention aux opérations qu'il est en train de faire, ou bien, par une
erreur de mémoire, il accepte comme déjà prouvé ce qui s'est
seulement profondément enraciné en nous par l'effet de répé-
titions fréquentes, ou d'un examen prolongé, ou d'un désir
ardent. Le remède à nos erreurs est également le même que
le remède aux erreurs de calcul : faire attention à la matière et
à la forme, avancer lentement, répéter et varier l'opération,
recourir à des vérifications et à des preuves, découper les
raisonnements étendus, pour permettre à l'esprit de reprendre
haleine, et vérifier chaque partie par des preuves particulières.
Et puisque dans l'action on est quelquefois pressé, il est
important de s'habituer à garder le sang-froid et la présence
d'esprit, à l'exemple de ceux qui, même au milieu du bruit et
sans calculer par écrit, savent exécuter des opérations sur des
nombres très élevés. Ainsi l'esprit s'habitue à ne pas se laisser

facilement distraire par les sensations externes ou par ses imaginations et ses affections propres, mais à rester maître de ce qu'il est en train de faire, à conserver sa faculté critique ou, comme on dit communément, son pouvoir de faire retour sur lui-même, de manière à pouvoir, tel un moniteur étranger, se dire sans cesse à lui-même : vois ce que tu fais, pourquoi le fais-tu actuellement ? Le temps passe ! Les Allemands appellent cela très justement *sich begreifen*; les Français disent non moins bien *s'aviser*, comme si l'on se faisait des recommandations et se donnait des conseils à soi-même. Tels les nomenclateurs romains rappelant à leurs maîtres les noms et les mérites des citoyens dignes d'être sollicités, ou le souffleur qui chuchote à l'acteur les premiers mots de la réplique suivante, ou cet adolescent répétant au roi Philippe de Macédoine : Souviens-toi que tu es mortel ! Mais il n'est pas en notre puissance, et il ne dépend pas non plus de notre volonté de faire retour sur nous-mêmes, de nous *aviser*; il faut d'abord que la chose s'offre à notre entendement, et alors cette capacité dépend du degré actuel de notre perfection. À la volonté il appartient de faire auparavant effort, avec tout le zèle possible, pour bien préparer l'esprit, préparation que nous demanderons utilement soit à l'étude des expériences, des fautes et des échecs des autres, soit à nos propres expériences, j'entends à celles qui ont été, dans la mesure du possible, exemptes de risques ou n'ont du moins causé aucun préjudice sérieux, soit enfin en accoutumant l'esprit à penser selon un certain ordre et une certaine méthode, de telle façon que par la suite ce qui est requis s'offre spontanément. Il peut cependant arriver, sans faute de notre part, que des choses nous échappent ou ne se présentent pas à propos; il s'agit alors d'un défaut non pas de notre jugement mais de notre mémoire ou de nos capacités naturelles, et dans ce cas nous ne sommes pas tant dans l'erreur que dans l'ignorance. Mais ceci n'appartient pas à notre sujet, puisqu'il n'est pas dans notre pouvoir que nous sachions ou que nous nous rappelions tout ce que nous voulons. Il suffit de nous astreindre à cette sorte de réflexion critique par laquelle nous combattons contre le défaut d'attention; il suffit que, toutes les fois que la mémoire nous rapporte des preuves passées, lesquelles peut-être n'ont jamais été fournies, nous tenions ce souvenir confus pour suspect et que nous recommencions la recherche, si c'est possible et si la chose est importante, ne faisant état des preuves passées qu'avec la certitude de les devoir à la diligence nécessaire.

Sur l'art. 37. La plus grande perfection de l'homme ce n'est pas moins son pouvoir d'agir avec raison que son pouvoir d'agir librement; ou plutôt les deux choses n'en font qu'une, puisque chacun est d'autant plus libre, que l'usage de sa raison est moins troublé par la violence de ses passions.

Sur l'art. 39. Demander si notre volonté est libre est la même chose que de demander si notre volonté est volonté. En effet, *libre* et *volontaire* signifient la même chose[1]. *Librement*

---

37. Que la principale perfection de l'homme est d'avoir un libre arbitre, et que c'est ce qui le rend digne de louange ou de blâme. – 38. Que nos erreurs sont des défauts de notre façon d'agir, mais non point de notre nature; et que les fautes des sujets peuvent souvent être attribuées aux autres maîtres, mais non point à Dieu.

39. Que la liberté de notre volonté se connaît sans preuve, par la seule expérience que nous en avons.

1. *Cf.* Descartes : « Faire *librement* une chose, ou la faire *volontiers*, ou bien la faire *volontairement*, ne sont qu'une même chose. » (AT III, p. 381, l. 26-28).

veut dire spontanément et par raison, et *vouloir* veut dire être porté à l'action par des raisons perçues par l'entendement. L'action est d'autant plus libre, que la raison est plus pure et moins mêlée d'impulsion aveugle et de perception confuse. Il n'appartient pas à notre volonté de nous abstenir de juger; c'est l'affaire de l'entendement s'imposant une certaine réserve, comme il a déjà été dit à propos de l'art. 35.

Sur l'art. 40. Si quelqu'un, persuadé que Dieu a tout préordonné et que lui-même cependant est libre, se borne à répondre aux arguments qui prouvent l'incompatibilité de ces assertions, ce que Descartes recommande, à savoir que son esprit est fini et ne saurait comprendre ces choses, j'estime qu'il répond à la conclusion, mais non à l'argumentation et qu'il tranche le nœud, mais ne le dénoue pas. La question n'est pas de savoir si l'on comprend la chose elle-même, mais plutôt de savoir si l'on peut ne pas comprendre sa propre absurdité, une fois qu'on vous a montré la contradiction. Car les mystères de la foi eux-mêmes doivent être exempts de contradiction, à plus forte raison les mystères de la nature. Si l'on veut donc se conduire en philosophe, il faut reprendre l'argumentation qui fait apparaître, avec quelque apparence de raison, une contra- diction résultant des prémisses, et il faut montrer où est la faute. Ce qui doit certainement toujours être possible, à moins que l'on n'ait mal cherché.

40. Que nous savons aussi très certainement que Dieu a préordonné toutes choses. – 41. Comment on peut accorder notre libre arbitre avec la préordination divine. – 42. Comment, encore que nous ne veuillons jamais faillir, c'est néanmoins par notre volonté que nous faillons.

Sur les art. 43, 45, 46. J'ai signalé ailleurs[1] la médiocre utilité de la règle tant vantée, qu'il ne faut admettre que les connaissances claires et distinctes, tant qu'on n'a pas apporté de meilleures notions du *clair* et du *distinct*, que celles proposées par Descartes. Les règles d'Aristote et des géomètres sont encore préférables, celle-ci par exemple qu'en dehors des principes (c'est-à-dire des vérités premières ou des suppositions), il ne faut rien admettre sans l'avoir démontré par un raisonnement correct, c'est-à-dire qui ne souffre d'aucun vice de forme ou de fond. C'est un vice de fond, d'admettre d'autres propositions que les principes et ce qui en est déduit ultérieurement par un argument légitime. J'appelle forme correcte non seulement le syllogisme vulgaire, mais encore toute autre forme auparavant démontrée qui conclut par la force de sa structure; ce que font aussi les formes des opérations arithmétiques et algébriques, les formes des barèmes, et même, en un sens, les formes de la procédure judiciaire. Car quelquefois nous nous contentons dans la pratique d'un certain degré de vraisemblance. Il est vrai que la partie de la logique, si utile dans la vie, qui traite des degrés de probabilité, est encore à élaborer. J'ai noté pas mal de choses à ce sujet. Sur la forme, voir aussi plus loin, à propos de l'art. 75.

---

43. Que nous ne saurions faillir en ne jugeant que des choses que nous apercevons clairement et distinctement. – 44. Que nous ne saurions que mal juger de ce que nous n'apercevons pas clairement, bien que notre jugement puisse être vrai, et que c'est souvent notre mémoire qui nous trompe. – 45. Ce que c'est qu'une perception claire et distincte. – 46. Qu'elle peut être claire sans être distincte, mais non au contraire.

1. *Meditationes de Cognitione, Veritate et Ideis* (dans Leibniz, *Opuscules philosophiques choisis*, Paris, Vrin, 2001, p. 12-29).

Sur les art. 47, 48. Je ne sais qui a autrefois remarqué avec raison, – je crois que c'est Coménius, – que Descartes, ayant promis dans l'art. 47 d'énumérer sommairement toutes les notions simples, nous abandonne aussitôt dans l'art. 48 et, après en avoir nommé quelques-unes, continue : *et telles autres*. J'ajoute que la plupart de celles qu'il énumère ne sont pas simples. Cependant cette question est plus importante qu'on ne croit.

Sur l'art. 50. Quant aux vérités relativement simples, que cependant les préjugés des hommes les empêchent d'admettre, il vaut mieux les démontrer par des vérités encore plus simples.

Sur l'art. 51. Si l'on définit la substance en disant qu'elle n'a besoin que du concours de Dieu pour exister, je ne sais si cette définition convient à aucune des substances créées qui nous sont connues, à moins d'en entendre les termes dans un sens peu répandu. En effet, nous avons besoin non seulement d'autres substances, mais aussi et plus encore de nos propres accidents. Puisque la substance et l'accident s'exigent mutuellement, il faut établir d'autres critères, afin de pouvoir distinguer la substance de l'accident ; par exemple que la substance, il est vrai, a besoin de quelque accident, mais que souvent elle n'exige pas un tel accident déterminé, et que, si cet accident

47. Que, pour ôter les préjugés de notre enfance, il faut considérer ce qu'il y a de clair en chacune de nos premières notions. – 48. Que tout ce dont nous avons quelque notion est considéré comme une chose ou comme une vérité : et le dénombrement des choses. – 49. Que les vérités ne peuvent ainsi être dénombrées, et qu'il n'en est pas besoin.

50. Que toutes ces vérités peuvent être clairement aperçues ; mais non pas de tous, à cause des préjugés.

51. Ce que c'est que la substance ; et que c'est un nom qu'on ne peut attribuer à Dieu et aux créatures en même sens.

lui est ravi, elle admet qu'un autre s'y substitue; l'accident,
au contraire, n'a pas seulement besoin d'une substance en
général, mais encore de telle substance déterminée à laquelle
il est inhérent, de sorte qu'il ne peut en changer. Cependant il
reste à dire des choses de grande importance sur la nature de la
substance et qui ont besoin d'une discussion plus approfondie.

Sur l'art. 52. Je concède que, dans chaque substance, il y a
un attribut principal qui en exprime l'essence; mais, lorsqu'il
s'agit d'une substance singulière, je doute qu'on puisse
l'expliquer en peu de mots, de la façon dont on explique par
des définitions les autres genres de substances. Que l'étendue
constitue la nature commune des corps, je trouve cette thèse
proclamée par beaucoup de philosophes avec une grande assurance, je ne la vois prouvée nulle part. Il est cependant certain
que ni le mouvement ou l'action, ni la résistance ou la force
passive ne dérivent de l'étendue; et que les lois de la nature
qu'on observe dans le mouvement et le choc des corps ne
découlent point de la seule notion de l'étendue, comme je l'ai
montré ailleurs. En effet, la notion d'étendue n'est pas primi-
tive, mais peut être décomposée. Car la notion d'étendue
implique la notion d'un tout continu, dans lequel il y a une
pluralité de choses simultanément existantes. En outre, l'étendue, qui est une notion relative, exige quelque chose qui
s'étend ou qui se continue, comme dans le lait la blancheur, et
dans le corps cela même qui en constitue l'essence : c'est la
répétition de cette chose, quelle qu'elle soit, qui est l'étendue.
Je suis tout à fait d'accord avec Huygens (dont j'estime très

---

52. Qu'il peut être attribué à l'âme et au corps en même sens; et comment
on connaît la substance. – 53. Que chaque substance a un attribut principal; et
que celui de l'âme est la pensée, comme l'extension est celui du corps.

haut les mérites dans les mathématiques et les sciences de la nature), qui prétend que les concepts de lieu vide et d'étendue seule sont identiques. Et à mon avis la mobilité ou l'ἀντιτυπία[1] ne sauraient être comprises par la seule étendue, mais il faut un sujet qui s'étende, dont le rôle ne soit pas seulement de constituer le lieu, mais de le remplir.

Sur l'art. 54. Il ne me souvient pas que l'auteur ou ses partisans aient jamais parfaitement démontré, que la substance pensante est privée d'étendue, et la substance étendue de pensée, de sorte qu'il soit établi que ces deux attributs ne s'exigent pas mutuellement dans le même sujet, voire qu'ils y sont même incompatibles. Je n'en suis pas surpris. L'auteur de la *Recherche de la Vérité* (qui a signalé beaucoup de choses très remarquables) a fait observer très justement que les Cartésiens n'ont pas apporté de notion distincte de la pensée et que, par conséquent, il n'est pas étonnant qu'ils ne sachent pas exactement ce que recouvre cette notion[2].

Sur les art. 60, 61. Nier la distinction réelle entre les modes, c'est modifier sans nécessité l'usage reçu des mots.

---

54. Comment nous pouvons avoir des pensées distinctes de la substance qui pense, de celle qui est corporelle, et de Dieu. – 55. Comment nous en pouvons aussi avoir de la durée, de l'ordre et du nombre. – 56. Ce que c'est que qualité, et attribut, et façon ou mode. – 57. Qu'il y a des attributs qui appartiennent aux choses auxquelles ils sont attribués, et d'autres qui dépendent de notre pensée. – 58. Que les nombres et les universaux dépendent de notre pensée. – 59. Quels sont les universaux.

60. Des distinctions, et premièrement de celle qui est réelle. – 61. De la distinction modale. – 62. De la distinction qui se fait par la pensée.

1. Terme de la physique stoïcienne, qui désigne la résistance ou l'impénétrabilité des corps.

2. Malebranche, *Recherche de la Vérité*, livre III, 2ᵉ partie, chap. VII, § IV, et XIᵉ Éclaircissement.

Car jusqu'ici, on a compté aussi les modes parmi les choses, et on a considéré qu'ils se distinguent réellement, comme la figure sphérique de la cire de la forme carrée; la transformation d'une figure en une autre est sans doute un vrai changement, et elle a, par conséquent, un fondement réel.

Sur l'art. 63. Concevoir la pensée et l'étendue comme la substance pensante ou la substance étendue elles-mêmes, cela ne me paraît ni exact ni possible. Cet expédient est suspect et semblable à celui qui commandait de considérer les choses douteuses comme fausses. Par de telles déformations des choses on prépare les esprits à l'entêtement et aux paralogismes.

Sur les art. 65-68. Après les anciens, Descartes nous a rendu des services en déracinant le préjugé qui nous fait considérer la chaleur, les couleurs et les autres phénomènes comme des choses au dehors de nous. On sait en effet que ce qui est senti maintenant comme très chaud, apparaît peu après à la même main comme tiède; que celui qui aperçoit la couleur verte d'une poudre mélangée, ne la verra plus s'il arme son œil

63. Comment on peut avoir des notions distinctes de l'extension et de la pensée, en tant que l'une constitue la nature du corps, et l'autre celle de l'âme. – 64. Comment on peut aussi les concevoir distinctement en les prenant pour des modes ou attributs de ces substances.

65. Comment on conçoit aussi leurs diverses propriétés ou attributs. – 66. Que nous avons aussi des notions distinctes de nos sentiments, et de nos affections, et de nos appétits, bien que souvent nous nous trompions aux jugements que nous en faisons. – 67. Que souvent même nous nous trompons en jugeant que nous sentons de la douleur en quelque partie de notre corps. – 68. Comment on doit distinguer en telles choses ce en quoi on peut se tromper d'avec ce qu'on conçoit clairement. – 69. Qu'on connaît tout autrement les grandeurs, les figures, etc., que les couleurs, les douleurs, etc. – 70. Que nous pouvons juger en deux façons des choses sensibles, par l'une desquelles nous tombons en erreur, et par l'autre nous l'évitons.

d'une loupe, mais observera un mélange de jaune et de bleu ; qu'avec des moyens encore plus puissants, d'autres expériences et d'autres raisonnements, il découvrira les causes elles-mêmes de ces deux couleurs. D'où il apparaît qu'il n'existe en dehors de nous rien de pareil à l'image qui s'offre à notre imagination. Nous ressemblons à cet égard aux enfants qui croient qu'à l'extrémité de l'arc-en-ciel, là où il touche la terre, il y a une coupe en or et qui courent en vain pour la trouver.

Sur les art. 71-74. Nous avons déjà fait ci-dessus quelques remarques sur la cause de nos erreurs, à propos des art. 31, 35. Par ce que nous y avons dit s'expliquent aussi les erreurs signalées dans les articles 71 à 74. Car les préjugés de l'enfance sont aussi des affirmations non prouvées, la fatigue diminue l'attention, et l'ambiguïté des mots est un cas spécial du mauvais usage des signes et constitue un vice de forme. C'est la même erreur que celle qui, selon le proverbe allemand, consiste à mettre, dans un calcul, un x au lieu d'un u, ou celle que commet le pharmacien, lisant dans une ordonnance *sandaraca* [sulfure rouge d'arsenic] pour *sanguis draconis*.

Sur l'art. 75. Il me semble qu'il serait équitable d'attribuer aux anciens ce qui leur est dû et de ne pas cacher leurs mérites par un silence malveillant et préjudiciable à nous-mêmes. Ce

71. Que la première et principale cause de nos erreurs sont les préjugés de notre enfance. – 72. Que la seconde est que nous ne pouvons oublier ces préjugés. – 73. La troisième, que notre esprit se fatigue quand il se rend attentif à toutes les choses dont nous jugeons. – 74. La quatrième, que nous attachons nos pensées à des paroles qui ne les expriment pas exactement.

75. Abrégé de tout ce qu'on doit observer pour bien philosopher. – 76. Que nous devons préférer l'autorité divine à nos raisonnements, et ne rien croire de ce qui n'est pas révélé, que nous ne le connaissions fort clairement.

qu'Aristote a enseigné dans sa logique, tout en ne suffisant pas à découvrir la vérité, suffit cependant d'ordinaire à bien juger, tout au moins lorsqu'il s'agit de déduire des conséquences nécessaires. Et il est très important que les conséquences déduites par l'esprit humain soient garanties par certaines règles en quelque sorte mathématiques. J'ai remarqué que ceux qui, dans des travaux sérieux, tombent dans les paralogismes, pèchent plus souvent qu'on ne le croit d'ordinaire par un vice de forme logique. Afin d'éviter toutes les erreurs, on n'a donc besoin que d'appliquer les règles les plus vulgaires des logiciens avec beaucoup de constance et de rigueur. Mais souvent la complication des choses ne permet pas ce travail minutieux. C'est pourquoi, dans les sciences et les choses de la pratique, nous appliquons certaines formes logiques spéciales qui doivent avoir été préalablement démontrées par les règles générales et qui sont adaptées à la nature particulière de l'objet. Exactement ainsi procède Euclide : il a sa propre logique pour la conversion, la composition et la division des proportions, logique qu'il établit d'abord dans un livre spécial de ses *Éléments*[1] et qui ensuite est appliquée à toute la géométrie. De cette façon on tient compte en même temps de l'économie et de la sécurité de la pensée ; et plus une science possède de méthodes de ce genre, plus elle est avancée. On peut ajouter ici ce que j'ai dit à propos des art. 43 à 46 sur la nécessité d'user plus largement qu'on ne croit devoir le faire ordinairement des raisonnements dits « en forme ».

---

1. C'est le livre V.

TABLE DES MATIÈRES

Imprimé en France par CPI
en octobre 2016

Dépôt légal : octobre 2016
N° d'impression : 137806